月で読む

あしたの星占い

石井ゆかり

TSUKI DE YOMU
ASHITA NO HOSHIURANAI
ISHIIYUKARI

すみれ書房

月で読む

あしたの星占い

石井ゆかり

TSUKI DE YOMU
ASHITA NO HOSHIURANAI
ISHIIYUKARI

はじめに

　この本は、いわば「ジャングル・ジム」のような本です。
　本物の「ジャングル」が本格的な占星術の世界で、「ジャングル・ジム」が本書の星占い、ということになります。

　本物のジャングルをサルたちのようにぴょんぴょん飛び回ってみたい！ という思いが、おそらく、公園で安全に遊べるジャングル・ジムを生んだのだと思います。
　実際に本物のジャングルに行くのは大変ですし、サルたちみたいに自由自在に飛び回るなんて、体操選手でもなければ、できないはずです。
　でも、ちょっとでもいいから、サルみたいに、ぶら下がったり飛び移ったりしてみたい。そういう思いから、ジャングル・ジムができたはずなのです。

　「本格的な占星術って、そんなに難しいの？」と思う方もいらっしゃるでしょう。
　たぶん、本物のジャングルをサルのように飛び回ることに比べたら、ちっとも難しくありません（！）。

　ただ、私が20年ほど星占いについて解説したり、本を書いたりするなかで、

はじめに

「星占いってわかりにくい」

　という声を耳にしてきたのも、確かです。
　10年以上続けて刊行してきた『星ダイアリー』シリーズ（幻冬舎コミックス）も、たくさんの方にご愛用いただく一方で「使い方がわからない」「後半の読み物の部分だけを読んでいる」という声をずっといただいてきました。

　毎日、テレビや雑誌で多くの方が星占いに触れながら、それを、「どうやるのか」は、あまり広まっていないのが、星占いなのです。

　それはそれで、別に困ったことでもなんでもありません。

　占いなど知らなくても、人は生きていけます。

　もしかしたら、占いなど知らないほうが、より豊かな人生を送ることができるかもしれません。

　ですが、私は過去10年以上「毎日の占い」を書いてきて、ふたつの思いを持っています。

ひとつは、

「基本的には、ぐるぐる同じことを書いているんだよな」

　ということです。
　もちろん、その都度たくさんの要素を組み合わせて読み取っている「そのときだけ、唯一無二」の部分もあります。

　でも、そうではないところもけっこうたくさんあるのです。
　干支のように、決まった順番でぐるぐる回っている部分があります。そこは、だれでもかんたんに読み取れます。

　もうひとつは、

「読み手の立場によって知りたいことが違うはずなのに、その全部を羅列することができなくて、残念だな」

　ということです。
　たとえば、「恋愛」について書いてある占いを見て、「いまの私には、恋愛は関係ないな……」と思う人がいます。
　でも実は、かんたんな占いのしくみを知っていれば、「恋愛」について書いてある記事をすべて「子育て」や「趣味」に読み替えることも、可能なのです。

そんなわけで「もっと身近に、毎日の星占いを楽しめるようなジャングル・ジムを作りたい！」と思うようになりました。

　今日はどんな日だろう
　明日はどんな感じなんだろう

　というふわっとした問いに、本書があれば答えられるようになっています。そのためにかなり簡略化した部分もありますが、基本的には、ベーシックな星占いのルールにのっとっています。

　もっと本格的な星占いを学びたい方は、巻末に参考図書をリストアップしましたので、ぜひそちらをご参照ください。いまは日本語でもたくさんのわかりやすい教科書が出ていて、けっこうさくさく楽しんでいただけるはずです！

CONTENTS 目次

はじめに 2

0 占いの前に

1 これだけ読めばひとまずわかる！月で読む「毎日」

今日は何の日？　18
「〇〇の日」を手帳に書き入れましょう　27
「今日は何の日？」のくわしい内容　32
 1　スタートの日　33
 2　お金の日　36
 3　メッセージの日　39
 4　家の日　41
 5　愛の日　44
 6　メンテナンスの日　46
 7　人に会う日　50
 8　プレゼントの日　53
 9　旅の日　55
 10　達成の日　57
 11　友だちの日　61
 12　ひみつの日　64
いい日？ 悪い日？　68
古くからの「吉凶」と、現代的な「いい・悪い」　71

2 新月と満月

新月と満月　80

新月から、満ちていく月へ　80

満月から、欠けていく月へ　85

12種類の新月と満月　89

1　「スタートの日」の新月と満月　90

2　「お金の日」の新月と満月　94

3　「メッセージの日」の新月と満月　97

4　「家の日」の新月と満月　99

5　「愛の日」の新月と満月　102

6　「メンテナンスの日」の新月と満月　105

7　「人に会う日」の新月と満月　108

8　「プレゼントの日」の新月と満月　111

9　「旅の日」の新月と満月　114

10　「達成の日」の新月と満月　116

11　「友だちの日」の新月と満月　119

12　「ひみつの日」の新月と満月　122

新月と満月は「役に立つ」か？　126

3 物事がいつもどおりにいかない日

「ボイドタイム」とは？　134

1 「スタートの日」のボイドタイム　137

2 「お金の日」のボイドタイム　138

3 「メッセージの日」のボイドタイム　139

4 「家の日」のボイドタイム　140

5 「愛の日」のボイドタイム　141

6 「メンテナンスの日」のボイドタイム　142

7 「人に会う日」のボイドタイム　143

8 「プレゼントの日」のボイドタイム　144

9 「旅の日」のボイドタイム　145

10 「達成の日」のボイドタイム　146

11 「友だちの日」のボイドタイム　147

12 「ひみつの日」のボイドタイム　148

ボイドタイムは
「大事なことを避けるべき時間」なのか　149

水星の逆行　153

4 もうすこしだけ、くわしく知りたい人のために

なぜ「月」を使うのか　160
「ハウス」という時計の文字盤　162
10星の、具体的な読み方のヒント　170
「今日の占い」の作り方　180
変化が起こりそうな日、流れが変わりそうな日　183

5 「星占い」の使い方

日記をつけるということ　188
「だれのせいでもない」世界　194

おわりに　200

参考図書　205
参考文献　206

ブックデザイン　石松あや(しまりすデザインセンター)
イラスト　カシワイ
DTP　つむらともこ
校正　鷗来堂

0

占いの前に

「石井さんは、どんなふうに星を生活に取り入れていますか?」
「やっぱり、占いでスケジュールなどを決めているのですか?」

　私は星占いを書く仕事をしているので、しばしばこう聞かれます。そういうときは、期待に応えられなくて申し訳ないなと思いつつも、こう答えます。

「いえ、星占いは、自分の生活ではぜんぜん気にしていません」

　星を読んで良い時間を選んで打合せの日を決めるとか、〆切を決めるとか、今年の星の動きに合った仕事を企画するとか、そういうことはひとつもやったことがないのです。
　こんなことで、星占いの記事を書いていて、本当にいいのかしら、と思うこともあります。

　ですが最近、ふと疑念が浮かびました。

　私は本当に、星を気にしていないのかな、と。

　あらためてそう考えたら、気がつきました。

　星は、私の意識のなかに日々、ちゃんとあったのです。

　ですがそれは、「今日はケガをしやすいから、気をつけよう」「今

日は人とぶつかりやすいから、打合せは別の日にしてもらおう」といったものではありませんでした。

　そうではなく、もっと漠然とした、でも、もっと**連続的で確かな感覚**でした。

　その「連続的で確かな感覚」を、本書でご紹介してみよう！ と思い立ったわけです。

　この本の目指すところは、「生活を変えて幸せになる」というようなことではありません。そうではなく、みなさんがすでに日々、なんとなくやっていることに、ちょっとだけ新しい光を投げかける、というようなことを目指しています。

　たとえば朝、なんとなくテレビの星占いが目に入ることはあるでしょうか。
　私、石井ゆかりの星占いを、毎朝無料のLINEで読んでいる方もいらっしゃるでしょう。
　美容院でファッション誌を渡されて星占いのページを開いたり、カレンダーにスケジュールを書き込むとき、片隅に描かれた小さな満月や新月のマークが目に入ることもあるはずです。

　さらに、日が暮れたあとの帰り道、ふと見上げた空に、大きな月を見つけてはっとしたこともあるのではないでしょうか。

そんな「星占いの風景」のすべてが、この本を読むだけで、すこし違って見えてくるはずです。
　ですからどうか、この上なく気楽に、ページをめくっていただければと思います。

1

これだけ読めばひとまずわかる!
月で読む「毎日」

今日は何の日？

> 2019年1月17日　今日の占い
> 射手座は人に会ったり、会う約束ができたりするような日。
> 思い切って会いに行く覚悟が決まるとか。

　これは、私が2019年1月17日のために書いた占いの一部です。私は毎日12星座ぶんの星占いを書いて、メールマガジンやLINE、Twitterなどで配信しています。

　しかし、こんなことが、いったいどうやってわかるのでしょう。
　答えは、ある意味、かんたんです。

　2019年1月17日は、**射手座の人々にとって「人に会う日」**なのです。

　星占いをする上で、いちばんかんたんに読める「〇〇の日」は、全部で12種類あります。

　以下、私なりに名前をつけてみました。

1
これだけ読めばひとまずわかる！月で読む「毎日」

1. スタートの日

2. お金の日

3. メッセージの日

4. 家の日

5. 愛の日

6. メンテナンスの日

7. 人に会う日

8. プレゼントの日

9. 旅の日

10. 達成の日

11. 友だちの日

12. ひみつの日

これだけです。

この12種類の日を、順番に、1カ月でひとめぐりします。

これを読んで「おや？」と思った人も多いでしょう。

1カ月はほぼ30日か31日なのに、12種類をひとめぐりでは、全然足りないのでは？と思われたはずです。

そうです。この「12種類の日」は、**毎日ひとつずつ進んでゆくのではなく、2日とちょっと続いてから、次に切り替わります。**

切り替えのタイミングは、日付の変わるタイミングとは違います。

たとえば、真昼の12時にぱっと「人に会う日」から「プレゼントの日」に切り替わるかもしれないのです。

真夜中に変わることもあれば、夕方変わることもあります。カレンダーの日付の切り替えとは関係なく、一定の時間が過ぎると、ぱきっと切り替わるのです。

冒頭の、1月17日射手座の「人に会う日」は、17日の午前10時ごろにはじまって、19日の12時45分まで続きました。

19日12時45分からは、「プレゼントの日」に切り替わったのです。

ですから、19日の占いはこんな具合でした。

> 射手座はすごく嬉しいことがあるかも。誰かがそれを運んできてくれるとか。阿吽の呼吸。

いかにも「プレゼントの日」らしいですね！

ここからさらに２日ちょっとが経過すると、今度は「旅の日」になり、さらに２日すこしすると「達成の日」になり……というふうに、占いは進んでいきます。

私たちは「今日と明日は別の日なのだ、日付が変わればまた違った風が吹くのだ」と感じますが、星占い的には、「２日ちょっとくらいは同じような感じかもしれないな……」ということになるのです。

少々物足りないでしょうか。でも、たとえばせっかくの「愛の日」なら、１日ぽっきりで終わってしまうのも、もったいないかもしれません。

ときどき「占いが数日ズレて当たるような気がします」というご意見をいただきます。それが２日ちょっとの時間のなかで起こる「ズレ」ならば、「ズレ」てはいない、と言えます。

では、12種類の「〇〇の日」は、どのように読み取れるのでしょうか。
このしくみはいろいろな雑誌でも紹介されているので、ご存じの方も多いと思います。

ここで、ちょっとした作業をしていただきます。
とてもかんたんなので、警戒しないでください!

1)右の表で、自分の星座(※)を探します。

2)自分の星座の横の空白に「1」と書き入れます。

3)そこから下に、2・3・4……と続けます。

4)いちばん下までたどり着いたら、今度はいちばん上に戻って、数字の続きを書きます。

5)数字の横に、19ページの〇〇の日を書き込んでいきます。

これだけです!

例を24ページに載せていますので、ご参照ください。

※ここで言う「自分の星座」は、ファッション誌の占いなどで用いられる、ごく一般的な「誕生星座(太陽星座)」のことです。月星座(生まれたときに月が位置していた星座)のことではありません。ちなみに、「アセンダントの星座」を知っている方は、それをこの「自分の星座」としていただくこともできます。その場合でも、これ以降のページの内容をほぼそのまま、お読みいただけます。ただし、たとえば「新月と満月」の章では、お誕生日の時期に言及しているところがありますが、その部分などは当てはまりません。

これだけ読めば
ひとまずわかる！
月で読む「毎日」

番　号　　　　　○○の日

牡羊座

牡牛座

双子座

蟹　座

獅子座

乙女座

天秤座

蠍　座

射手座

山羊座

水瓶座

魚　座

[蠍座の人の例]

星座名	番号	「○○の日」
牡羊座（3/21--- 4/19 生まれ）	6	メンテナンスの日
牡牛座（4/20--- 5/20 生まれ）	7	人に会う日
双子座（5/21--- 6/21 生まれ）	8	プレゼントの日
蟹　座（6/22--- 7/22 生まれ）	9	旅の日
獅子座（7/23--- 8/22 生まれ）	10	達成の日
乙女座（8/23--- 9/22 生まれ）	11	友だちの日
天秤座（9/23---10/23 生まれ）	12	ひみつの日
蠍　座（10/24---11/22 生まれ）	1	スタートの日
射手座（11/23---12/21 生まれ）	2	お金の日
山羊座（12/22--- 1/19 生まれ）	3	メッセージの日
水瓶座（1/20--- 2/18 生まれ）	4	家の日
魚　座（2/19--- 3/20 生まれ）	5	愛の日

[魚座の人の例]

星座名	番号	「○○の日」
牡羊座（3/21--- 4/19 生まれ）	2	お金の日
牡牛座（4/20--- 5/20 生まれ）	3	メッセージの日
双子座（5/21--- 6/21 生まれ）	4	家の日
蟹　座（6/22--- 7/22 生まれ）	5	愛の日
獅子座（7/23--- 8/22 生まれ）	6	メンテナンスの日
乙女座（8/23--- 9/22 生まれ）	7	人に会う日
天秤座（9/23---10/23 生まれ）	8	プレゼントの日
蠍　座（10/24---11/22 生まれ）	9	旅の日
射手座（11/23---12/21 生まれ）	10	達成の日
山羊座（12/22--- 1/19 生まれ）	11	友だちの日
水瓶座（1/20--- 2/18 生まれ）	12	ひみつの日
魚　座（2/19--- 3/20 生まれ）	1	スタートの日

[牡羊座の人の例]

星座名	番号	「○○の日」
牡羊座（3/21--- 4/19 生まれ）	1	スタートの日
牡牛座（4/20--- 5/20 生まれ）	2	お金の日
双子座（5/21--- 6/21 生まれ）	3	メッセージの日
蟹　座（6/22--- 7/22 生まれ）	4	家の日
獅子座（7/23--- 8/22 生まれ）	5	愛の日
乙女座（8/23--- 9/22 生まれ）	6	メンテナンスの日
天秤座（9/23---10/23 生まれ）	7	人に会う日
蠍　座（10/24---11/22 生まれ）	8	プレゼントの日
射手座（11/23---12/21 生まれ）	9	旅の日
山羊座（12/22--- 1/19 生まれ）	10	達成の日
水瓶座（1/20--- 2/18 生まれ）	11	友だちの日
魚　座（2/19--- 3/20 生まれ）	12	ひみつの日

☆各太陽星座の期間は生まれ年によって異なります。

1 これだけ読めばひとまずわかる！月で読む「毎日」

「12種類の日」は、実は「今日の月の星座」で決まります。

今日がどんな日かを知るには、「今日の月の星座」がわかればいいのです。

私が配信している「今日の占い」ではかならず、12星座の占いの前に、前置きがあります。こんな具合です。

> 今日の占い（2019/1/17）
> 月は午前10時頃に牡牛座から双子座へ。
> 金星と火星のトライン、動きがとてもはやい。
> スピードとかスリル、サスペンスを楽しむような感じ。

冒頭の「月は午前10時頃に牡牛座から双子座へ。」がポイントです。

この日、月は朝10時ごろに、牡牛座から双子座に移動しているのです。

例として、射手座の人の表を見てみます。

[射手座の人の例]

月の滞在	月の位置	番号	「○○の日」
2019/1/12 17:19 ～ 2019/1/17 3:32	牡羊座	5	愛の日
2019/1/15 3:32 ～ 2019/1/17 10:01	牡牛座	6	メンテナンスの日
2019/1/17 10:01 ～ 2019/1/19 12:45	双子座	7	人に会う日
2019/1/19 12:45 ～ 2019/1/21 12:56	蟹 座	8	プレゼントの日
2019/1/21 12:56 ～ 2019/1/23 12:23	獅子座	9	旅の日
2019/1/23 12:23 ～ 2019/1/25 13:04	乙女座	10	達成の日
2019/1/25 13:04 ～ 2019/1/27 16:32	天秤座	11	友だちの日
2019/1/27 16:32 ～ 2019/1/29 23:34	蠍 座	12	ひみつの日
2019/1/29 23:34 ～ 2019/2/1 9:48	射手座	1	スタートの日
2019/2/1 9:48 ～ 2019/2/3 22:04	山羊座	2	お金の日
2019/2/3 22:04 ～ 2019/2/6 11:03	水瓶座	3	メッセージの日
2019/2/6 11:03 ～ 2019/2/8 23:35	魚 座	4	家の日

　「牡牛座」は射手座の人にとって「6.メンテナンスの日」で、「双子座」は「7.人に会う日」です。この日、午前10時ごろを境に、射手座の人の時間は「メンテナンスの日」から「人に会う日」に切り替わるのです。

　月の移動のタイミングは、日によってバラバラです。ゆえに、毎日の星占いをするには、日々の月の位置（星座）の情報が必要です。本書付録の冊子「月の星座運行表」を参照してみてください。
　最近ではWebで月の位置を教えてくれる無料のページもたくさんあります（私の毎日の占いがそうです！）。
　その日の月の星座さえわかれば、即、「今日の占い」ができます。

「〇〇の日」を手帳に書き入れましょう

お手持ちの手帳に「〇〇の日」を書き入れてみましょう。
ためしに 2019 年 11 月をいっしょにやってみます。

1）付録冊子の「月の星座運行表」を切り離し、2019 年 11 月のページを開きます。

2）ふだん使っていらっしゃる手帳やカレンダーをお手元にご用意ください。

3）2019 年 11 月 1 日、月は山羊座に移動します。
　山羊座はあなたにとって何番の何の日ですか？　23 ページで書き込んだ表を見ながら、手帳やカレンダーに書き入れてみましょう。

　牡羊座の人にとっては、10 番目、「達成の日」となります。
　牡牛座の人にとっては、9 番目、「旅の日」となります。
　双子座の人にとっては、8 番目、「プレゼントの日」となります。
　蟹座の人にとっては、7 番目、「人に会う日」となります。
　獅子座の人にとっては、6 番目、「メンテナンスの日」となります。
　乙女座の人にとっては、5 番目、「愛の日」となります。
　天秤座の人にとっては、4 番目、「家の日」となります。
　蠍座の人にとっては、3 番目、「メッセージの日」となります。

射手座の人にとっては、2番目、「お金の日」となります。
　　山羊座の人にとっては、1番目、「スタートの日」となります。
　　水瓶座の人にとっては、12番目、「ひみつの日」となります。
　　魚座の人にとっては、11番目、「友だちの日」となります。

4）同じようにして月が移動するごとに、手帳に「〇〇の日」を書き入れていきます。
　　満月、新月もしるしを入れておくとよいでしょう。
　　「〇〇の日」が切り替わる時間まで書き写すかどうかはお任せです。

　作業はこれでおしまいです。

　これで「毎日の星占い」の基本ができあがりました！

1
これだけ読めば
ひとまずわかる！
月で読む「毎日」

[射手座の人の場合]　2019年11月1日、月は山羊座に位置するため、射手座の人にとっては「お金の日」となる　　11月3日に月は水瓶座に移動。水瓶座は射手座の人にとって「メッセージの日」となる

11 2019 NOVEMBER

MONDAY	TUESDAY	WEDNESDAY	THURSDAY	FRIDAY	SATURDAY	SUNDAY
				1 お金の日	2	3 メッセージの日
4	5	6 家の日	7	8 愛の日	9	10
11 メンテナンスの日	12	13 人に会う日	14	15	16 プレゼントの日	17
18 旅の日	19	20 達成の日	21	22 友だちの日	23	24 ひみつの日
25	26	27 スタートの日 ●新月	28	29	30	

2019年11月27日、月は射手座の新月、射手座の人にとって「ぐりぐりのスタートの日」

[射手座の人の場合]

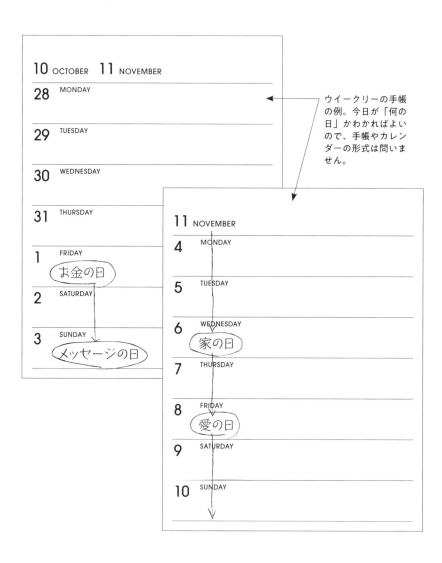

ですが「友だちの日」「達成の日」と言われても、具体的にどんな日なのか、わかりにくいですね。
「旅の日」とあっても、だれもが毎月旅に出るわけでもないでしょうし、現実にどんなことが起こるのか、よくわかりません。

ひとまずは「12種類の日があるんだよ！」ということがわかりやすいように、「ひとこと」でネーミングしてみたのですが、実はこの「〇〇の日」には、一つひとつ、たくさんの内容が詰まっています。

次のページから、この「12種類の日」に何が起こりそうなのか、くわしく説明してみたいと思います。

「今日は何の日?」のくわしい内容

　月が1カ月で一周する「12種類の日」には、それぞれどんなことが起こるのでしょうか。次ページから、一つひとつ解説していきます。

next page

1 スタートの日

「スタートの日」に、私は「**目新しいことが多い日**」という表現をよく用います。
　ここに月が入ると、何か新しいことがはじまる感じがあるのです。

　自分から何かをスタートさせるのにもぴったりのタイミングです。
　いつもとすこし違う新鮮なこと、いつもは感じないような気持ちが、ここまでの流れをぱっと変えてくれるかもしれません。
　特にあなたのお誕生日に近い場合、重要なスタートラインとなるかもしれません。

　さらに「**身体・見た目・第一印象**」に関係することも起こりやすいときです。
　たとえば、ダイエット中の人なら「身体が変わってきた！」ということに気づくかもしれません。

　また「**健康**」に関係する出来事も起こりやすい日です。体調に問題を抱えている人は、身体の調子がちょっと変わる感じがするかもしれません。

　「**自分自身・アイデンティティ・キャラクター**」に変化が起こりやすい日でもあります。

たとえば、髪をばっさり切るなど、大きく「イメージチェンジ」をしたくなるかもしれません。
　以前から雰囲気を変えてみたいなと思っていて、この日に実行する覚悟が決まる、といった節目になりやすいのです。

　いつもは受け身になることが多い人も、この日は「自分から動こう！」という気持ちになれるかもしれません。
　人任せにしていたことを自分の手元に引き戻すことを決めるようなタイミングでもあります。

　さらに、

「このところなんとなく流れが悪いなあ」
「気分が晴れないなあ」

　などの思いを抱いていたなら、その**「継続的な気分」がぱきっとリセットされる**かもしれません。
　ふわっと気分が変化したり、「とりあえず動いてみよう！」といった前向きな気持ちがわいてきたりするかもしれません。

　カードゲームなどで、「自分の番が回ってくる」「自分のターンになる」ということがあります。
　この日はそんな手応えが感じられやすいようです。「自分のターンが来る」ことを意識すると、いろいろ新しいことに着手できるか

もしれません。

　表を見ていただければわかるように「スタートの日」は、

「自分の星座に月が来ている」タイミングです。

　あなたが双子座なら、「双子座の月の日」が、この「スタートの日」です。あなたが乙女座なら、乙女座に月が回ってきて、「スタートの日」となります。

　月は「ツキ」と読みますが、その読みのとおり「ツキがある日」と解釈する人もいます（！）。

　テレビの星占いランキングなどでは、この日は上位に食い込むでしょう。おそらく１位から３位のうちのどれかが、あなたの星座になっているはずです。

2

お金の日

「お金が動く」「物が動く」イメージの日です。
　臨時収入があったり、いい買い物ができたりと、**物質的なこと・経済的なことに動きがありそう**です。

　気前がよくなる日であり、欲望に火がつきやすく、散財しやすい日とも言えます。見栄を張るための大盤振る舞いなどは、気をつけたいところです。

　また、食欲がわいたり、ご馳走を食べたくなったりするかもしれません。「食べる・満足する」ことに意識が向かいます。

　この日は「五感の日」でもあります。

　考えるよりも感じることに軸足を置きたくなるかもしれません。自分の五感を満足させる日、という意味で、芸術的な方面に目を向けるのもおもしろそうです。

　平たく言えば「金運がイイ」日です。
　ただ「金運がいい」と言うとかならず「宝くじを買おう！」と言う人がいるのですが、この場所はもしかすると「くじ」には当てはまらないかもしれません。

「くじ」と関係が深いのは、どちらかと言えば8番目の「プレゼントの日」だと思います。

「お金の日」は、あくまで、自分の努力で勝ちえるような「収穫」の日なのです。不労所得のようなもの、棚ボタのようなことは、「プレゼントの日」のほうが得意分野のように思われます。

「お金の日」は、

自分自身の「手」でできること

にスポットライトが当たります。たとえば、何かを「手作りする」ようなことも、この日に当てはまります。

さらに、この日は「スタートの日」のあとに来る日です。

この直前の「スタートの日」でスタートさせたことを、今度は安定的に軌道に乗せていく日、という見方ができます。

種をまいたら、継続的に水やりをし、肥料を与える必要があります。こうした「継続性・安定性」のことを考えて行動するのに適しているのが、この「お金の日」なのです。

自分で稼ごうと思えば、たいていは継続的にがんばらなければなりません。「お金の日」は、**コツコツがんばることや、手に職をつけること、自分の実力に目を向けること**などにも関係する日です。

　すでに持っているものを棚卸ししたり、アイテムを整理したり、お金の残高を確認したり、家計簿をつけたりすることも、この「お金の日」の関心事です。

　お金を貯めるには、たくさん稼ぐのもさることながら、節約したり、管理したりすることもとても大事です。「お金の日」はそうしたことも見直せるタイミングと言えます。

メッセージの日

　この日、私は「メッセージ」「朗報」といった言葉をよく使います。言い換えると「コミュニケーションの日」です。
　他者との音信が活発になりやすいのです。

　現代ではLINEなどでのメッセージのやりとりを主な連絡手段としている人が少なくありませんが、この日は「LINEのやりとりが多い日」となるかもしれません。
　自分が受信する側になる場合もあれば、発信側になる場合もあるはずです。

　待っていた連絡が来たり、不思議といろいろな人から声をかけられたりする日です。

　また、この日は**「外出の日」**でもあります。
　実は、この日を「メッセージの日」とするか「外出の日」とするか、迷ったくらいです。

　家のなかにじっとしていることなく外に出て、いろいろな場所をめぐりたい日です。とはいえ、そんなに遠出するわけではなく、近所の散歩や買い物程度になることが多いかもしれません。

1カ月の海外旅行に出る！といったタイミングは、もちろんこの日になる場合もあるでしょうが、どちらかと言えば9番目の「旅の日」になりやすいのではないかと思います。

　さらに、兄弟姉妹や幼なじみ、近所の人などとの交流が活発になります。**身近な人と接触が起こりやすい日**なのです。

　この日はとても「おしゃべりな日」というイメージがあります。何かと会話を交わしたり、人と一緒に行動したりする場面が多いはずです。

　単純に**「ちょっとうれしいこと」が起こりやすい日**でもあります。この場所は古くから「月にとって居心地が良い場所」と言われています。

　この日はうれしいサポートに恵まれたり、助け船を出してもらえたりと、ほっとするようなことが多いのではないかと思います。

　とはいえ、あなたの星座が蠍座か乙女座である場合は、すこしざわめきからの緊張を感じやすいかもしれません。
　過度に敏感になってしまったり、会話が弾みすぎて「すこし言いすぎちゃったかな」などということになる可能性もあります。

家の日

「家の日」または**「居場所の日」**と呼べる日です。

家ですごすことが楽しく感じられるでしょう。
家族や身近な人の世話を焼いたり、家のなかを掃除したり、といったことに意識が向かいます。
いつもより家族との会話が増えるかもしれません。

「原点にかえる」ことができるときでもあります。

背伸びをやめて自分らしいあり方を模索できます。

また、ふだんどおりの生活のなかに、隠れた宝物を見出せるときでもあります。

一般に、私たちは自分の居場所にいるとき、もっともリラックスしてすごせるものです。
この日は「いつもの自分でいる」ことから、**何かを見つけられるとき**となるようです。

「実家に帰る」「故郷に戻る」ような日でもあります。
さらに「親に会う」ようなイベントも起こるかもしれません。

「引っ越しの日」がこの日に当たる場合もあります。文字どおり「新しい居場所を得る」ことができる日、というわけです。

　「居場所」と呼べる場所は、人によってさまざまに異なります。

　家だけでなく、行きつけのお店やみんなで集まるサークルなどを居場所としている人もいるでしょう。

　また、職場の自分のデスクが「居場所」となっている人もいるはずです。「居場所」はひとつだけでなく、いくつかに分散されています。

　たとえばこの日に、「会社のデスクのレイアウトが変わり、いままでとは違う場所に座ることになった」といった話を聞いたことがあります。
　これも立派に「居場所の変化」に当たると思います。

　また、「家にお客さんが来る」という読み方もできます。

　お客さんが来る日は大掃除をしたり、模様替えをしたりする人が少なくありません。自分のテリトリーに新しい要素が入りこむことで、環境自体が新しくなる、といったことも起こりやすいときなのです。
　さらにこの月の配置には**「本当の気持ち・本心」**という意味もあ

ります。この日には、ふだん隠している本当の気持ちがあふれ出てくる、というようなことが起こるかもしれません。

　また、「物事の最終的な結果」という解釈もあります。

　「最終的な結果」と「結果」の差は、その個人的な意味の深さの違いです。

　たとえば、スポーツの大会で優勝したアスリートが、家に帰っていままでサポートしてくれた家族にお礼を言うとします。

　「優勝」が結果ですが、この人にとっての本当の結末は、「サポートしてくれた家族に優勝を伝え、お礼を言うこと」「家族に喜んでもらうこと」であるはずです。

　社会的な成功や、外に出ての活躍は、だれの目にも触れる立派な「結果」ですが、私たちが個人として願っている「結果」は、それとはまた別です。
　他人から見た「人生のゴール」は、人生でいちばん輝かしい成功を収めているときかもしれませんが、個人として自分が「ゴール」とするのは、幸福な老後なのかもしれません。

　この日は、**個人としての幸福や本心からの満足を自分に確認できるような日**、と言えるでしょう。

5 愛の日

　恋愛中の人には待ち遠しく感じられるのがこの「愛の日」です。
　ですが、この「愛」は、恋愛以外のすべての「愛」にも当てはまります。
　子どもへの愛、趣味への愛、ペットへの愛、そのほかすべての対象について私たちが自ら抱く「愛」が、キラキラ輝く日なのです。

　この「愛の日」は、もうすこし厳密に言うと**「与える愛の日」**であり、**「自己表現の日」**です。
　自分のなかにある愛情や情熱が外側に輝き出すような日なのです。

　「愛の日」と言うと、つい「意中の人が声をかけてくれるかな」などと期待したくなりますが、どちらかと言えば「自分から声をかける勇気が湧いてくる日」かもしれません。

　以前、イラストレーターの方が、「『愛の日』と書かれている日は、妙に仕事がうまくいきます」と話していました。
　「愛の日」は「自己表現の日」であり、「創造的な日」です。
　ゆえに、クリエイティブな仕事をしている人、芸術家や表現者のような活動をしている人にとっては、まさに「取り組んでいる活動がうまくいく日」なのです。
　趣味や部活のようなかたちでそうした創造の活動をしている人に

も、このことは当てはまるはずです。

「『愛の日』と書いてある日には、いつも恋愛について悲しいことが起こります」と言う方もいらっしゃいました。彼とケンカしてしまったり、イライラするようなことが起こったりする、というのです。しばらくして、この方は相手の方とお別れし、その後、この「愛の日」の悲しい現象は起こらなくなった、とのことでした。

「愛の日」はおそらく、望んだとおりのことが起こる日、というわけではないのだろうと思います。むしろ、**自分の愛が本物なのかどうか、問題があるとすれば何が問題なのかを、はっきり見てとれる日**、ということなのかもしれません。

幼い子どもがお菓子ばかりたくさん食べたがるように、私たちはかならずしも「自分のためになるもの」だけを望むわけではありません。自分のためにはならないようなものでも、心から強く期待してしまうことがあります。特に、愛の世界ではそうしたことが起こりやすいようです。

「愛の日」に起こることがもし、いつも不快なことばかりなら、「愛」の世界においてまだ向き合えていないことがある、ということなのかもしれません。
「愛の日」には、その愛のことを真剣に考える手掛かりを、見つけやすいのかもしれません。

メンテナンスの日

　主に、自分自身の心身のコンディションを「メンテナンス」できる日です。

　さらに、私の占いでは、

「忙しくなりそうな日」
「雑務が多い日」
「いろいろな方面から助力を要請される日」

　などと読むこともあります。

　義務や責任、健康などといったテーマにスポットライトが当たる日で、ひらたく言って「やるべきことが多い日」なのですが、なかには「忙しさ」をさばくことができないほど、体調を崩してしまう人もいます。

　この場合は、むしろしっかり休むことこそが「責任」であり「義務」であるはずです。

　「体調管理も仕事のうち」「休むのも仕事のうち」などと言われますが、まったくこのとおりで、長く走り続けようとすれば、定期的

なメンテナンスが不可欠なのです。
　調子の悪さをガマンして無理を重ねることを「美徳」ととらえるような人もいますが、長期的に見ればそれは「無責任」なのです。

　情報化社会となり、どんなことにも「平均的な数字」が提供され、人間はモノのように扱われ、「コストパフォーマンス」「コストカット」などの言葉が日常生活にも持ちこまれる世の中です。

　そんななか、私たちは自分の身体をも、モノや機械であるかのように感じてしまいがちです。

　でも、私たちの心身は、機械ではありません。

　「メンテナンスの日」とは、まるで身体が機械ででもあるかのようなネーミングで、違和感がないわけではないのです。

そこをあえて「メンテナンス」としたのは、この言葉が「維持」という意味を持っているからです。

　私たちは自分自身の生活の全体を、維持していかなければなりません。
　いまのとき、この場だけをうまくやりすごせばいい、ということでは、いつか破綻してしまうのです。

「メンテナンスの日」に起こることは、ごく現実的な、ふだんの生活に即したことです。

　さらに、どちらかと言えば、**損得を超えた「助け合い」の動きであるはず**です。

　私たちはお金に換算できない協力で、たがいに支え合って生きています。
　役割を分担し合い、ときには肩代わりし合っています。

　就労関係というものも、そもそも経営者ひとりではできないことを、被雇用者が請け負ってあげているわけです。

　金銭だけでは「精算」しきれない思いがあることを感じながら働けるとき、私たちは真の充実を感じられます。

　そうした思いの充実がないような環境に生きている人や、助け合いがうまく機能せず、自分だけが多くを抱えこんでしまっている人は、たとえばこの「メンテナンスの日」に、わずかにでも軌道修正の道を探ることができるのではないかと思います。

7 人に会う日

　この日にだれかに会えるのかもしれませんし、連絡を取り合って「この日に会おうね」とアポイントが取れるのかもしれません。

　一対一で関わっているだれかが、あなたに強い意識を向けていることを感じ取れる日なのです。

　この日は「人間関係の日」でもあります。
　ただし、「人間関係」と言っても、集団的な人間関係と言うよりは、**一対一の関係、「だれかと自分」の関係**にスポットライトが当たります。

　さらに言えば「パートナーシップの日」でもあります。

　パートナーとの関係がなんらかのかたちで濃くなったり、やりとりが多くなったりします。パートナーがキーパーソンとなって物事が動く日、と言えるかもしれません。

　ふだん、どちらかと言えば単独行動が多かったり、孤独にすごしたりしている人も、この日は不思議と、電話がかかってきたり、人と話す機会が多かったりするはずです。

たとえば、ふだんは無言で通りすぎるコンビニのレジで、ひょんなことから短い会話が発生するかもしれません。

　家に帰ったとき偶然、おとなりの人に遭遇し、会釈することになるかもしれません。

　窓を開けたらだれかと目が合って、つい「おはようございます」などと声をかけ合うことになるかもしれません。

　だからなんなんだ、と言ってしまえばそれまでなのですが、人との接触はどんなに小さくても、私たちの生活を彩る「ドラマ」です。「人に会う日」は、そういう意味で、ちょっとドラマティックな日、と言ってもいいかもしれません。

　小さな出会いが、その後、大きな関わりにつながっていくこともあります。
　一方、小さな出会いが小さな出会いのままで、すっと消えてしまうこともあります。

　いずれにせよ、たくさんの小さな出会いのなかから、大きな関わりが生まれてくるものだとするなら、この「人に会う日」は、「たくさんの小さな出会い」が生まれやすい日だと言えるのです。

また、「契約」「交渉」「相談」などにも転機が訪れやすい日でもあります。

　何かしらのテーマに関して交渉中の人、契約を結ぶためにがんばっている人は、「人に会う日」に話の進展のきっかけをつかめるかもしれません。
　定期的な交渉の場が、不思議と「人に会う日」に重なっている、というようなこともあるかもしれません。

　さらに、この日は「結婚」とも関係が深いのです。
　パートナーと付き合いはじめた日や結婚記念日、プロポーズされた日などをさかのぼって調べてみると、その日がちょうど「人に会う日」だった！　というようなこともあるかもしれません。

プレゼントの日

　人から何かをもらったり、逆に、自分から人に何かをあげたりする日です。
　基本的には「もらう日」ですが、私たちの「もらう・あげる」は、「作用と反作用」のように、一方通行のものではないところがあります。

　たとえば、お祝いをいただいたら内祝いを贈る、といったことが起こります。

　電車のなかで席を譲ったら、相手にとても感謝されて、相手よりずっと自分のほうがうれしい気持ちになったりします。

　「本質的に、どちらがどちらに贈り物をしたのか」ということは、非常にわかりにくいことなのです。

　「贈り物」の一種に「提案」があります。

　贈られたプレゼントのナカミが選べないように、他人からの提案も、自分の発想とは別のところにあります。自分では決して思いつかないようなものを「これは、あなたに合っているはずですよ」と提案されることも、一種のギフトと言えます。

実際、自分では思いつかないようなコーディネートやヘアスタイルを、人からすすめられるままに試してみたところ、それがとてもよく似合って、以降、そのスタイルが自分のトレードマークとなる、といったことは、珍しくありません。

私たちは自分のことは自分でよくわかっているつもりでも、「決して自分ではわからない顔」というものを持っているのです。

　ゆえに、毎日の占いで、私はこの日が来ると、

「だれかから提案を受けるかも」
「だれかの意見に『乗って』みるような日」
「自分では選べないようなものを、だれかが自分のために選んでくれるような日」

　などという表現をよく使います。

　また、オープンな場での占いではいろいろな世代・立場の人が読むため、なかなか書きにくいのですが、性的なこともこの日のテーマです。
　私の占いで、「官能的な日」「だれかとの心の融合を感じられるような日」などという表現を見かけたら、「ははあ、そういうことか」と受け取っていただければと思います。

9

旅の日

「旅に出る日」「遠くからだれかが来る日」「遠出する日」です。
　自分から行くにせよ、向こうから来るにせよ、とにかく**長い距離を越えて、素敵なものにアクセスできるタイミング**なのです。

「遠い場所とのあいだに橋が架かる日」などという表現も、私はよく使います。

「遠い場所」と言うと、どんな場所が思い浮かぶでしょうか。

　住んでいる街からほとんど外に出ない人と、しょっちゅう海外に出かけている人では、「遠い場所」のイメージは大きく違っているだろうと思います。

　さらに、ここで言う「遠さ」は、**自分自身の生きている世界から見た「遠さ」**です。

　何キロ離れている、といった物理的な遠さもさることながら、時間的な遠さ、精神的な遠さ、知的な遠さも「遠い場所」に当てはまります。
　たとえば、ふだんよく知っているものやかんたんにできることは、「手近」に感じられます。

一方、難しいことやじっくり考えないとわからないことに対しては、心理的な遠さを感じるものではないでしょうか。

　「旅の日」は、ふだんより難しいことに取り組んだり、一歩踏み込んだことを学んだり、大先生に教えを請うたりするような日でもあるのです。

　また、「遠い場所まで声が届く日」でもあります。

　たとえば、SNSでちょっと発信したことが、意外なほど多くの人に広まる、といったことが起こるかもしれません。自分のアイディアが注目されたり、研究結果が人に受け入れられたりと、「広範囲のコミュニケーション」が生まれやすい日なのです。

　「遠さ」は、人間関係にも当てはまります。

　ふだん会わないような遠い親戚、担任の先生ではなく校長先生のような人、縁遠い人、高嶺の花、敷居が高い相手 etc. 心の距離がある相手と、この日は不思議と関わりを持てる傾向があります。

10

達成の日

　文字どおり、目標を達成できそうな日です。

　仕事や勉強、自分で担っている役割、任務、目標や課題など、何かしら「取り組んでいること」について、大きく前進できる日と言えます。

　毎日の占いで、私は、

「目標を達成できる日」
「結果を出せる日」
「ガツンとがんばれる日」
「前進できる日」
「活躍できる日」

　などの表現を使います。

　目線を高くして、より良いもの、より大きなものを目指せる日です。仕事や勉強における〆切やゴールが、このタイミングに設定されているケースもあるでしょう。
　この日を目安にがんばる、というスケジュールも一案です。
　やる気がわいてきますし、自分から動こうという意志を強く持て

るでしょう。
　何かを待っているような気持ちではなく、自分から仕掛けていく気持ちになれます。

　「チャンスがやってくる日」でもあります。
　好機をつかんで「その先」に進めます。

　「仕事や勉強、対外的な活動に関して、力を発揮できる日」というような占いを読めば、たとえば子育て中の人や、病気療養中の人、休養中の人などは、「自分には関係がない占いだ」と感じるかもしれません。

　ですが、この日は実は、あくまでその人が**「自分の力でやり遂げてみたいこと」**を意識し、それに向かっていける日ということであり、**意欲や意志が強くなる日**、ということなのです。

　子育て中の人は子育てに関して、病気療養中や休養中の人は自分のコンディションに関して、何かしら「こうしたい」「こうしよう」と胸に抱いている思いがあるのではないでしょうか。

　あるいはまったく何もなかったとしても、「いまは休養中だから、何も考えずゆっくり休むのだ」ということが、ひとつの目標と言えますし、それに「専念する」ことができるときであるはずです。
　休養中は自分を責めてしまったり、不安になったりすることがあ

ると思います。子育て中の人も、いろいろな不安や悩みを抱えることが多いと思います。

　その悩みのなかには、「気にしなくてもいいこと」「枝葉のこと」も含まれています。
　たとえば、

「人と自分を比べて落ちこんでしまう」
「先を急いで焦ってしまう」
「余計な情報を吸収しすぎて混乱する」

　などのことです。

　こうした悩みは、本来は必要のない悩みなのですが、私たちはどうしても、こうした悩みにとらわれて、本来目指さなければならない目標を見失ってしまうのです。

　そんな状況のとき、この「達成の日」は、**「本来、自分が何をすべきか」を考え直させてくれる日であり、軌道修正できる日**です。

　「赤ん坊は泣くのが仕事」「子どもは遊ぶのが仕事」「病人は寝るのが仕事」などという言い方がありますが、そういう意味で**「いまの自分の『仕事』は何だろう？」と考え直す時間を持てる日**なのです。

11

友だちの日

　文字どおり「友だちとすごす日」となるかもしれません。
　毎日の占いでは「仲間が集まってくる日」「サポートを受けられる日」などの表現をよく用います。

　ワイワイみんなで集まれるような楽しい日ですし、友だちの友だちが友だちになるような、ネットワークを広げやすい日でもあります。

　新しい友だちに出会えるかもしれませんし、すでにいる仲間と団結を強められるかもしれません。

　多くの人はふだんの生活のなかで、「社員」「母親」「娘」「妻」など、何かしら社会的な肩書きのもとに行動しています。

　一方、たとえばひとりでカフェに入り、お茶を飲みながら好きな小説を読んでいる時間は、なんの肩書きもないひとりの人間としてすごせます。

　親友や幼なじみと話し合っているとき、ひとり旅に出たとき、ふらりとバーに立ち寄ったときなど、突然「ひとりの人間としての自分」に戻って、ほっとする、という人もいるでしょう。

さらに、ボランティア活動に参加したり、なんらかのサークルに所属したりするときも、私たちは「肩書きのない、ひとりの人間」として動くことができます。

　ひとりですごす時間もさることながら、社会的な活動に参加するときも、「個人」に返れることがあるのです。

　この「友だちの日」は、友だちが何かしてくれる、ということ以上に、

自分自身があらゆる肩書きを離れた個人としての時間をすごせる

という意味合いがあります。

　他者との関係から自由になったところで、あらためて人と交流したり、行動したりできるときなのです。
「友だち」というのは、そういうことです。

　また、ここは**「受け取る愛」の場所**とも言われます。
　愛に関して、うれしいことがあるかもしれません。「純粋に『うれしい！』と思えることがありそうな日」と書くこともあります。
　5番目の「愛の日」が、どちらかと言えば「自分から愛する日」なのとは対照的に、この日はけっこう「他人の好意」を受け取れる日なのです。

12

ひみつの日

　自分だけの時間を持てる日です。
　毎日の占いでは「ひとりですごしたくなるかも」「戦略を練る日」などという書き方をします。
　ゆえに、第三者に対しては「ひみつ」です。

　自分の心のなかに入っていくような時間であり、これまでの経緯をたどり直すような時間でもあります。

　「ひとりの時間」を大切にしている人は少なくありません。自分だけのリラックスタイムは、リフレッシュに不可欠です。
　ひとつ前の「友だちの日」のページにも、「個人としてすごす時間」のことを書きましたが、この「自分の時間の日」はさらに、「ひとりですごす」が強調されます。

　「友だちの日」は、いろいろな人と会える日ですが、「ひみつの日」は、ひとりきりですごすか、または、心を開ける限定的な人々、過去を共有できる相手などと、「隠れ家」「個室」のような場所で会っているイメージなのです。

　私たちの生活のなかには、デリケートなものがたくさん含まれています。

グチを言いたい日もありますが、そのグチは「だれに聞かれても いい」というわけにはいきません。

　秘密を打ち明けたり、内緒の相談をしたり、ということも、生活 のなかではときどき、起こります。

　こうした「デリケートなものをデリケートに扱う日」が「ひみつの 日」なのです。

　ただひたすら眠りたい日、だれにも会いたくない日、ひたすら掃 除をしていたい日、などというのもあるでしょう。

　毎日すごす部屋にはだんだんほこりや汚れが溜まりますが、ふだ んはそれに気づきません。
　ときどき、「いつのまにか、こんなに汚れていた！」と気づいて 思いきって掃除すると、とてもスッキリした気持ちになります。

　たっぷり眠ったり、ふだんガマンしていることを思いきりやった り、ということをして、心のなかの澱みのようなものを洗い流すに は、この日がうってつけ、と言えるかもしれません。

　さらに、「過去」に触れることができるのも、この日です。これま での経緯を振り返ることができますし、忘れ物を取りに戻ったり、 大事なことを思い出したりするような場面もあるかもしれません。

お墓参りや、病気の人のお見舞い、困っている人を助けにゆくなど、いつもとはすこし違ったことをすることになるかもしれません。

　この日は「救いの日」でもあります。

　人を救うこともあれば、自分自身が「救われる」ようなこともあるでしょう。「救い」は、不思議なかたちで実現します。

　叱咤激励で救われる人、慰めの言葉で救われる人、だれかを助けることで救われる人、美味しいものを食べて救われる人 etc.「救い」のかたちはさまざまです。

　薬ならば、この病気にはこれが効く、とある程度決まっていますが、「救い」は、どこからどんなかたちで訪れるか、ほとんどわかりません。

　「ひみつの日」に訪れるかもしれない「救い」は、そういう意味で、すこし神秘的です。「ミラクル」と言っていいかもしれません。

いい日？ 悪い日？

　「今日はいい日ですか？　悪い日ですか？」

　とは、よく聞かれます。
　たしかに、みなさん気になるところでしょう。
　これまでご紹介してきた12種類の日には、いいとか悪いとかは特に、書いてありません。もどかしく感じる方も多いかもしれませんね。

　実は私は、毎日の暮らしに、問答無用に「いい日」と「悪い日」があるとは、あまり感じないのです。
　もちろん私にも、しょんぼりする日もあれば、うれしい日もあります。不思議と変なことばかり起こるときもありますし、だれも何も言ってくれない日もあれば、妙に電話やメッセージが多い日もあります。

　ただ、私は、その一つひとつに「いい・悪い」があるとは、どうしても思えないのです。
　起こった出来事はすべて、私の人生の一部です。

　たとえば、12回シリーズの連続ドラマがあるとします。
　ドラマがハッピーエンドで終わるとして、12回の一つひとつの回

を「いい」「悪い」に分けることに、意味があるでしょうか。
　たとえ主人公が悲しみに沈む回があったとしても、占いでその悲しみを「転ばぬ先の杖」とばかりに避けることに、意味はあるでしょうか。

　私は歯医者さんが非常に苦手なのですが、治療を受けてさっぱりすると「治療してよかった！」と思います。

　一方、私は居酒屋さんが大好きなのですが、二日酔いで目覚める朝は「もう飲みに行くのはやめよう」と思います。
　でも、そのあとで「昨日は楽しかったですね、また飲みましょう！」と飲んだ相手からメールが来たりすると（そんなことはめったにないのですが）、「やっぱり、飲んでよかったかも！」と思うのです。

　これらのうち、どの日が「いい日」で、どの日が「悪い日」だったか、考えてもよくわかりません。

　人生は「いいこと」と「悪いこと」でできている、と考える人もいます。
　いいことばかりが起こって、悪いことは起こらない人生が幸福な人生だ、と考える人もいます。
　また、「いいことと悪いことは、人生のなかで同じ数だけ起こる」と言う人もいます。

こうした、占いの「良し悪し・吉凶」についての考え方は、占い手によってさまざまに異なります。
　占いは科学ではないので、どれかが正しくてどれかが間違いである、とは言えません。科学ならば、実験や統計によって、ある仮説が正しく、ほかの仮説は間違いである、と証明できるのですが、占いは「科学的世界」の外側にあるものなのです。

　私自身は、私たちの送る毎日はすべて「おもしろい、大事な日」と思っています。

雨の日も、風の日も、それぞれに自分で生きていくしかない、大事な日です。

　そこには内容があって、特徴があって、それぞれのおもしろみがあります。
　もちろん、生きているうちには、おもしろがっている余裕などないような辛い日もあるでしょう。
　二度と思い出したくないようなことも起こるでしょう。

　でも、そうした日でも、私たちはそれをどうにか生きて、自分の人生とします。

　そうした深刻な日は、もはや、「吉凶」などで片づけられはしないのではないでしょうか。

古くからの「吉凶」と、現代的な「いい・悪い」

　ただ、星占いには古くから、吉凶の考え方がちゃんとあります。
　私はこれを「この日はいい日で、この日は悪い日」とは思わないのですが、やはり、昔から「吉」とされているような配置を見ると、「うれしいことがあるかも！」と書きたい気持ちに駆られます。
　とはいえ、それ以外が「悪い日」というわけではないのです。

　古くから「凶」とされるのは、現代的には「大きく変化しそうな日」です。というのも、古い時代の価値観では、変化は「良くないこと」だったからです。

　親の仕事を変えることなく代々引き継いでゆくのが「良いこと」でしたし、あちこち転々とするのは良くないことでした。
　恋愛も、あらかじめ親が決めた相手と結婚するのが「吉事」で、自由な恋愛で結ばれるのは不道徳な「悪」だったのです。

　現代社会では、そんなことはありません。

　転職は前向きなチャレンジですし、自由恋愛で結婚するのが一般的です。変化を求め、変化を生み出しながら生きることこそ「良い生き方」とされています。

一方、古くから「吉」とされるかたちは、安定や継続、成長を示すと考えられます。
　スムースで、衝突がなく、和やかなのです。

　これは大変いいことですが、一方で「事なかれ主義」や「怠慢」「八方美人」などと通じることもあります。
　物事を先送りしたり、見て見ぬ振りをしたりするのも、どちらかと言えば「安定」を目指す人々です。
　「吉」は、表面的には問題がなくとも、内側に大きな問題を肥大させてしまう可能性があるのです。

　と、前置きが長くなりました。
　12種類の日の「いい・悪い」については、少なくとも、こんなことが言えると思います。

　【うれしいことの多い日】

　1．スタートの日

　3．メッセージの日

　5．愛の日

　9．旅の日

　11．友だちの日

私はこれらの日に、比較的明るい内容の占いを書くことが多いです。特に「メッセージの日」「友だちの日」には、「うれしいことがありそう！」と書きたくなります。

　「旅の日」には、学びや発信をテーマとして書くので、それほど楽しそうには読めないかもしれませんが、「あと押しのありそうな、素敵な日だろうな」と思っています。

　この５つの日には、テレビの星占いコーナーなどで、自分の星座が少なくとも上位６星座のどこかに入っているはずです。
　もし上位に食い込んでいない場合は、その占い師さんが何か別のメソッドを用いているか、その日は月以外のほかの星の配置を強く読まれているか、であろうと思います。

【動きの多い日、主役となりやすい日、大きく動ける日】

　運命的な出来事が起こったり、物事が大きく動いたり、結果を出したり、目立ったり、というようなことが起こりやすいのは、以下の日です。

　　１．スタートの日

　　４．家の日

　　７．人に会う日

10. 達成の日

　この４つの日は、公私ともに大きめの節目となりやすいタイミングです。たとえば、大事な発表会や仕事の〆切、引っ越しの日、結婚式など、スケジュールの上で目立つ重要な日が、この４つのタイミングに重なることがあります。

　特に、これらの場所で満月や新月が起こるとき、私は「インパクトの強い節目」「特別な星の時間」のような書き方をします。
　ターニング・ポイント、物事が切り替わるときです。

【「自分の手」の日、「他人の手」の日】

　手仕事、手作業、手料理。
　私たちは日々、自分の「手」を動かして何かをしています。
　「手」は、生活を営む上で、もっとも重要な部位と言えます。また、人と関わるときにも、握手したり、手をつないだりと、関係が深くなるほどに「手」をよく使います。

　私のなかで「自分の手」のイメージの日があるのですが、それは次のふたつです。

2．お金の日

6．メンテナンスの日

　このふたつは、「自分の手で役に立つことをしている」日です。
　「お金の日」は「自分の手で何かを生産する・獲得する・選び取る」日です。
　「メンテナンスの日」は「作業する・工夫する・訓練する・実際にやってみる・経験する」日であり、やはり、手を動かしているイメージが強いのです。

　一方、「他人の手」の日もあります。

8．プレゼントの日

12．ひみつの日

　「プレゼントの日」は文字どおり、だれかから贈り物を手渡されるような日です。人から手助けしてもらったり、手伝ってもらったりすることもあるかもしれません。

　実は「プレゼントの日」は、性的なテーマも含んでいます。大切な人と「触れ合う」とき、最初に使うのはやはり「手」です。

「ひみつの日」は、「手」とは関係ないように思われるかもしれませんが、「ひみつの日」には、「救い」というテーマが含まれています。人を救い出そうとするとき、あるいは人に救われるようなとき、「手をさしのべる」というイメージが浮かびます。

　「手を出す」ことは「踏み込む」ことです。
　人と人とのあいだにある境界線を、すこし侵犯することです。

　人からおごってもらうとき、人の手助けをしてあげるとき、私たちは心のなかに微かなハードルを感じます。そして、そのハードルを思い切って飛び越えることで、他者の手を握ることができます。

　子どもがほんとうにしばしば「さわっちゃだめよ！」と言われるのは、「触れる」ことに危険が伴うからです。
　大人になっても、それは変わりません。
「手」にまつわる４つの日は、なんらかの対象に「触れる・踏み込む」ようなことが起こるため、「すこし注意深くなる日」でもあるのです。

2

新月と満月

新月と満月

　毎月めぐってくる新月と満月に、「どんなことをするとよいか」という話は、最近ではとてもよく知られるようになりました。
　科学的な裏付けはほとんどありませんが、太古の昔から、人々は月を時計のように見立てて、月が痩せるのと膨らむのに合わせて、いろいろなことを計画していたようです。
　そのあたりを以下にご紹介します。
　（もうすこしくわしい話を読みたいという方は、拙著『月のとびら』（CCCメディアハウス）をどうぞ！）

新月から、満ちていく月へ

　まず新月は「スタート」のタイミングです。
　なんでも新しいことをはじめるのに適している、とされます。
　また、何かを「終わらせる・断ち切る・吹っ切る」ようなことにも合っていると言われます。

『月の本』(ドナ・ヘネス著、真喜志順子訳、河出書房新社) には、

「愛の告白、ビジネス、旅行、日記など、やりたいことを行動に移す絶好のタイミングです」

と書かれています。

新月に起こすべきアクションとして有名なのは、以下のようなものです。

- なんでも「新しいスタート」に適している
- 暴飲暴食や喫煙などの悪習慣を断ち切る
- ダイエットやスポーツをはじめる
- 勉強をはじめる
- 新しいことややりたいことをはじめる
- 石けんや化粧品など、新しいものを使いはじめる
- 新しい服をおろす
- 願い事をする

前掲の『月の本』には、新月にすべきこととしてほかに、以下のようなことが紹介されています。

- 土の奥深くに根付くようにじゃがいもを植える
- 腐らないように、りんごを収穫する
- 丈夫なひよこが生まれるように、雌鳥のおなかの下に卵を隠す
- 魚がルアーによく食いつくので、釣りに出かける
- 塀の支柱を立てると、長持ちする
- 果樹に水をやる
- 新鮮な露を集める

全体に、何かを「これから育てていこう」とする思いが読み取れます。

新月を過ぎて、三日月から満月へとだんだん膨らんでいく「上弦の月」の時間には、以下のような言い伝えがあります。

- 花や地面より高い位置に実る野菜を植えるのによい
- 三日月の形状のものは、幸運のお守りとなる
- ラベンダーは新月から最初の半月までに植えるのがよい
  そうすると、よい香りになる
- 髪を伸ばしたいとき、毛先を整えるために美容院に行く

 一般に、種をまくこと、作物を植えること、成長させたいことをスタートするのによい、とされているようです。

 さらに言えば、「短期的に結果が出る物事をスタートさせること」が強調される場合もあります。

 そうしたイメージから、たとえば、同じ「髪を切る」のでも、短く切ってしまってあまり伸びてほしくない場合には下弦の月に切るけれど、これから長く伸ばすことを想定しつつ毛先だけ揃えたい場合は、むしろ上弦の、満ちていく月のフェーズで美容院に行くほうがよい、ということになるわけです。

満月から、欠けていく月へ

　月が明るく輝く満月の日は、現代を生きる私たちにも、じゅうぶん特別なものに感じられます。昨今「スーパームーン」という言葉がよく知られるようになりましたが、明るい月の日に神秘を感じるのは、いまも昔も変わらないようです。

- 農作物を収穫する
- この日に物事の〆切やゴールを設定する
- 人が集まるはなやかなパーティーやお祭りをおこなう
- 大事な生活上のイベントをこの日に設定する
- 満月の夜に生まれた子どもは丈夫に育ちやすい
- 満月は恋愛によい影響を与える
- 月の光に当てると、肌や洗濯物が「白くなる」
- 子どもに恵まれない女性は、

月光を浴びながら裸で水浴するとよい

・愛をいとなむことや、人工授精にもよい（！）

・出血が多くなる、生理がはじまる

といった説があります。
　さらに、満月の日をすぎて、月がだんだん細くなり、月の出が遅くなっていく時期（下弦）には、以下のようなことが言われます。

・地下に実る作物（芋など）を植える

・小麦の脱穀をおこなうとよい（湿気が少なく、よく乾く）

・チューリップなど、球根の植物を植える

・掃除や洗濯をおこなう

・伸びやすい爪や髪を切る（伸びにくくなるように）

・材木となる木を伐採する

・新しい服や道具をおろすのにはよくない

・この時期に生まれた赤ん坊は弱くなる

・不用品を処分する

- 壊れたものを修理する
- 家畜をさばく
- ダイエットをはじめるとよい
- 喫煙や飲酒などの悪習を断ち切るのによい
- ジャムなど、長期保存用の食べ物を作って備蓄する
- 新月に近い月齢のときは、
  怪我や手術などをしても出血が少ない

　これらも、統計的・客観的な裏付けには乏しい説ですが、「欠けていく月」のイメージにぴったりです。

　とはいえ、その正しさが研究されているものもあります。
　"Moon Wood" と呼ばれる、材木の話です。

「月相が木材の質に影響すると信じる人々もいる。ある月相のとき、特に新月の前日に切った木材を『ムーン・ウッド』と呼び、丈夫で、暖炉の調理器具として使えるなど、特別な性質をもつとして珍重するのだ。」

「ベルン大学の応用科学教授エルンスト・ツュルヒャーは、精密な計測器を用いて、新月の直前に切られた木は、満月の直前に切られたものよ

り細胞内に水分を多く含むので、より重く、したがって頑丈であることをつきとめた。ツュルヒャーの考えでは、この現象は月の引力のなせるわざではなく、樹木がもつ水の効率的循環機能によるものだという。新月の前、月は盾のように太陽風から地球を守るので、その影響で木の細胞内に水がとどまるのではないかと仮定したのだ。」

(『月』ベアント・ブルンナー著、山川純子訳、白水社)

　この説は、かならずしも定説とはなっていないようですが、生物のなかに、月齢とシンクロするようなサイクルが存在するかもしれないことは、まだ完全には、否定できないようです。

12種類の新月と満月

　前章でご紹介した「12種類の日」に、新月や満月が重なることがあります。それぞれ1年にだいたい1回起こります。
　毎年、ほぼ同じ季節にめぐってくるのですが、決まった日付に起こるわけではありません。
　また、年によっては1回、とばしてしまうこともありますし、そういうときは同じ種類の日に2回、新月や満月が起こります。
　新月や満月の日は、少々特別な日ということになります。
　以下にその読み方をご紹介しましょう。

1

「スタートの日」の新月と満月

　この日の新月は、まさに「スタート！」です。
　そもそも物事が新しくはじまりやすいタイミングで、さらに新月というスタートが重なるのですから、ふだんよりすこし重要なことがはじまる、と言えるでしょう。

　この日はかならず、あなたのお誕生日の期間に当たっています。誕生日が新月、という場合もあるでしょう。
　「今日は誕生日なのですが、新月なのですね。どういう意味がありますか？」というご質問を受けることがあるのですが、

「ぐりぐりのスタートの日です！」

　と回答したいです。何かをはじめたい気持ちがあるなら、すぐに行動を起こしてみてはと思います。

　また、物事は、ごく何気ないことや、ふとした偶然からはじまることもあります。
　この日に起こったことが即、重要なスタートだったと気づかなくても、あとになって「よく思い返してみれば、すべてはあの日の出来事からはじまったんだなあ」と思えるような展開もあり得るのです。

「スタートの日」が満月の日である場合は、あなたという存在があの大きな満月に照らし出されているような状態、と言えるでしょう。
　時間をかけてがんばってきたことが認められたり、積み重ねてきたことが「化ける」ようなことが起こったりするかもしれません。

　あなたの人生における重要な到達点であり、特に「直前の誕生日（半年くらい前のはずです）あたりにスタートしたことが、ひとつの到達点に達する」ようなタイミングと言えます。

　「スタートの日」が、新月と満月に重なったとき、私はしばしば「あなたは、特別な星の時間のなかにいます」というような表現を使います。

　ふだんの生活とはすこし違う、神秘的な「時間の門」のような場所にいる、というイメージです。

　この表現を使うと特に「それは、いい意味ですか？　悪い意味ですか？」と聞かれることが多いのですが、「特別な時間」は、いいとか悪いとか、そういうイメージを超えたところにあるように思います。
　たとえば、人の誕生や死は「良いこと・悪いこと」のどちらでしょうか。そういう枠組みではとらえられないことのように思われます。

画家のピカソは、一生のうち何度も、画風が大きく変わりました。それぞれの作風の時期は「青の時代」「ゲルニカの時代」などと呼ばれます。

　私たちの人生も、生き方や考え方の変化によって、いくつもの「時代」に分かれるところがあるのではないでしょうか。

　「特別な星の時間」は、たとえばそういった「時代」の節目になる可能性があります。
　ピカソの作風に「この時代は優れていて、この時代は良くない」などということが言えないように、私たちが自分の人生において生きるいくつかの時代もまた「あるべくしてある時代」なのだと思います。

【あなたの星座の「スタートの日」の直近の新月】

牡羊座：2020.3.24 ／ 2021.4.12 ／ 2022.4.1
牡牛座：2020.4.23 ／ 2021.5.12 ／ 2022.5.1
双子座：2020.5.23 ／ 2021.6.10 ／ 2022.5.30
蟹　座：2020.6.21 ／ 2020.7.21 ／ 2021.7.10 ／ 2022.6.29
獅子座：2019.8.1 ／ 2020.8.19 ／ 2021.8.8
乙女座：2019.8.30 ／ 2020.9.17 ／ 2021.9.7
天秤座：2019.9.29 ／ 2020.10.17 ／ 2021.10.6
蠍　座：2019.10.28 ／ 2020.11.15 ／ 2021.11.5
射手座：2019.11.27 ／ 2020.12.15 ／ 2021.12.4
山羊座：2019.12.26 ／ 2021.1.13 ／ 2022.1.3
水瓶座：2020.1.25 ／ 2021.2.12 ／ 2022.2.1
魚　座：2020.2.24 ／ 2021.3.13 ／ 2022.3.3

【あなたの星座の「スタートの日」の直近の満月】

牡羊座：2019.10.14 ／ 2020.10.2 ／ 2021.10.20
牡牛座：2019.11.12 ／ 2020.10.31 ／ 2021.11.19
双子座：2019.12.12 ／ 2020.11.30 ／ 2021.12.19
蟹　座：2020.1.11 ／ 2020.12.30 ／ 2022.1.18
獅子座：2020.2.9 ／ 2021.1.29 ／ 2022.2.17
乙女座：2020.3.10 ／ 2021.2.27 ／ 2022.3.18
天秤座：2020.4.8 ／ 2021.3.29 ／ 2022.4.17
蠍　座：2020.5.7 ／ 2021.4.27 ／ 2022.5.16
射手座：2020.6.6 ／ 2021.5.26 ／ 2022.6.14
山羊座：2019.7.17 ／ 2020.7.5 ／ 2021.6.25
水瓶座：2019.8.15 ／ 2020.8.4 ／ 2021.7.24 ／ 2021.8.22
魚　座：2019.9.14 ／ 2020.9.2 ／ 2021.9.21

「お金の日」の新月と満月

　この日に新月が重なったら、経済活動に関して、何か新しいことがはじまるかもしれません。
　バイトやパートをはじめたり、手に職をつけるための勉強をはじめたり、といったイメージです。
　また、ビジネスのスタートのようなタイミングでもあります。
　まさに「新しい経済活動のスタート」です。

　不要なものを処分する、手持ちのお金を計算する、バッグや机のなかのものを整理する、といったことも起こりやすいかもしれません。

　また、大きな買い物のためのアクションを起こすようなタイミングでもあります。
　たとえば、車や家などを購入するには、調査や下見、交渉など、さまざまなステップを踏むことになります。

　そうした一連の流れの最初の一歩を、この新月の日に踏み出すことになる、といったタイミングなのです。

一方「お金の日」の満月は、貯金箱を割るようなイメージのタイミングです。

経済活動に関してずっと積み重ねてきた努力が実るときです。
また、自分の「欲」を解放できるようなときでもあります。山盛りのごちそうを作ったり、豪華な外食をしたり、といったこともあるかもしれません。

「お金の日」は、「モノの日」であり、「食べ物の日」でもあります。「買い物の日」「稼ぐ日」などと言い換えることもできます。

ほしいものを手に入れるためのさまざまな行動が、新月・満月では節目を迎えることになるようです。

すこし前に「満月の光に照らしてお財布を振ると、お金持ちになれる」というおまじないが流行りました。私はそういうことに効果があるかどうかはよくわからないのですが、もし「お財布を振る」のだとすれば、この「お金の日」の満月がぴったりのイメージです。

【あなたの星座の「お金の日」の直近の新月】

牡羊座：2020.4.23 ／ 2021.5.12 ／ 2022.5.1
牡牛座：2020.5.23 ／ 2021.6.10 ／ 2022.5.30
双子座：2020.6.21 ／ 2020.7.21 ／ 2021.7.10 ／ 2022.6.29
蟹　座：2019.8.1 ／ 2020.8.19 ／ 2021.8.8
獅子座：2019.8.30 ／ 2020.9.17 ／ 2021.9.7
乙女座：2019.9.29 ／ 2020.10.17 ／ 2021.10.6
天秤座：2019.10.28 ／ 2020.11.15 ／ 2021.11.5
蠍　座：2019.11.27 ／ 2020.12.15 ／ 2021.12.4
射手座：2019.12.26 ／ 2021.1.13 ／ 2022.1.3
山羊座：2020.1.25 ／ 2021.2.12 ／ 2022.2.1
水瓶座：2020.2.24 ／ 2021.3.13 ／ 2022.3.3
魚　座：2020.3.24 ／ 2021.4.12 ／ 2022.4.1

【あなたの星座の「お金の日」の直近の満月】

牡羊座：2019.11.12 ／ 2020.10.31 ／ 2021.11.19
牡牛座：2019.12.12 ／ 2020.11.30 ／ 2021.12.19
双子座：2020.1.11 ／ 2020.12.30 ／ 2022.1.18
蟹　座：2020.2.9 ／ 2021.1.29 ／ 2022.2.17
獅子座：2020.3.10 ／ 2021.2.27 ／ 2022.3.18
乙女座：2020.4.8 ／ 2021.3.29 ／ 2022.4.17
天秤座：2020.5.7 ／ 2021.4.27 ／ 2022.5.16
蠍　座：2020.6.6 ／ 2021.5.26 ／ 2022.6.14
射手座：2019.7.17 ／ 2020.7.5 ／ 2021.6.25
山羊座：2019.8.15 ／ 2020.8.4 ／ 2021.7.24 ／ 2021.8.22
水瓶座：2019.9.14 ／ 2020.9.2 ／ 2021.9.21
魚　座：2019.10.14 ／ 2020.10.2 ／ 2021.10.20

3

「メッセージの日」の新月と満月

　特別な朗報が飛び込んで来るような日です。

　新月なら、その朗報から何かがスタートしそうですし、満月なら、なんらかの「回答」「結果発表」のような朗報を受け取れるかもしれません。

　コミュニケーションに関する特別な場面がめぐってくる可能性もあります。

　新月なら気になっていただれかとはじめて話ができるかもしれません。満月なら、たくさんの会話がひとつの共感や結論にまとまっていくかもしれません。

　新月は、「コミュニケーションが生まれる日」、満月は「コミュニケーションに関する努力が報われる日」と言えます。

　さらに、「勉強」にも関係が深い日なので、新月では**「勉強をスタートさせる日」「本の最初のページを開く日」**となるかもしれません。満月ならば**「勉強してきたことがひとつの到達点に達する日」「ある本を『読了』する日」**となるかもしれません。

【あなたの星座の「メッセージの日」の直近の新月】

牡羊座：2020.5.23 ／ 2021.6.10 ／ 2022.5.30
牡牛座：2020.6.21 ／ 2020.7.21 ／ 2021.7.10 ／ 2022.6.29
双子座：2019.8.1 ／ 2020.8.19 ／ 2021.8.8
蟹　座：2019.8.30 ／ 2020.9.17 ／ 2021.9.7
獅子座：2019.9.29 ／ 2020.10.17 ／ 2021.10.6
乙女座：2019.10.28 ／ 2020.11.15 ／ 2021.11.5
天秤座：2019.11.27 ／ 2020.12.15 ／ 2021.12.4
蠍　座：2019.12.26 ／ 2021.1.13 ／ 2022.1.3
射手座：2020.1.25 ／ 2021.2.12 ／ 2022.2.1
山羊座：2020.2.24 ／ 2021.3.13 ／ 2022.3.3
水瓶座：2020.3.24 ／ 2021.4.12 ／ 2022.4.1
魚　座：2020.4.23 ／ 2021.5.12 ／ 2022.5.1

【あなたの星座の「メッセージの日」の直近の満月】

牡羊座：2019.12.12 ／ 2020.11.30 ／ 2021.12.19
牡牛座：2020.1.11 ／ 2020.12.30 ／ 2022.1.18
双子座：2020.2.9 ／ 2021.1.29 ／ 2022.2.17
蟹　座：2020.3.10 ／ 2021.2.27 ／ 2022.3.18
獅子座：2020.4.8 ／ 2021.3.29 ／ 2022.4.17
乙女座：2020.5.7 ／ 2021.4.27 ／ 2022.5.16
天秤座：2020.6.6 ／ 2021.5.26 ／ 2022.6.14
蠍　座：2019.7.17 ／ 2020.7.5 ／ 2021.6.25
射手座：2019.8.15 ／ 2020.8.4 ／ 2021.7.24 ／ 2021.8.22
山羊座：2019.9.14 ／ 2020.9.2 ／ 2021.9.21
水瓶座：2019.10.14 ／ 2020.10.2 ／ 2021.10.20
魚　座：2019.11.12 ／ 2020.10.31 ／ 2021.11.19

「家の日」の新月と満月

　新月なら、家のなかを片づけたくなったり、盛大にゴミを捨てたくなったりするかもしれません。

　私の占いでは「家のなかに新しい風が吹きこむとき」「家族との関係に新しい要素が加わるとき」などと書きます。新月の「はじまり・スタート」の風が、「居場所・家族」に吹きこむのです。

　一方、満月であれば、たとえば丹精してきた庭のバラに花が咲くようなタイミングと言えます。**家族や居場所に関してがんばってきたことが「報われる」ような節目**です。

　身近な人から「いつもありがとう」のような感謝を述べられるかもしれませんし、逆に、家族に頼りすぎていた人は「そろそろちゃんと自分でやりなさい」というふうに、引導を渡されることもあるかもしれません。

　「家の日」は、「原点にかえる日」「ルーツを意識する日」でもあります。
　外の世界や未来ばかり見て足元がおぼつかなくなっていたなら、この新月や満月の日に「着地する」ことができるかもしれません。身近な人たちの気持ちに気づかずにいた人は、あらためて身近な人

たちの心に目を向ける気持ちになれるかもしれません。

　ちょうど引っ越しの日に、この「家の日」の新月や満月が重なる、ということもあります。
　あるいは、出産や結婚など、家族としてのかたちが変わるタイミングが重なることもあります。

「居場所」が新しい時代に入ったことを象徴するような出来事が「家の日」の新月や満月には、起こりやすいようです。

【あなたの星座の「家の日」の直近の新月】

牡羊座：2020.6.21 ／ 2020.7.21 ／ 2021.7.10 ／ 2022.6.29
牡牛座：2019.8.1 ／ 2020.8.19 ／ 2021.8.8
双子座：2019.8.30 ／ 2020.9.17 ／ 2021.9.7
蟹　座：2019.9.29 ／ 2020.10.17 ／ 2021.10.6
獅子座：2019.10.28 ／ 2020.11.15 ／ 2021.11.5
乙女座：2019.11.27 ／ 2020.12.15 ／ 2021.12.4
天秤座：2019.12.26 ／ 2021.1.13 ／ 2022.1.3
蠍　座：2020.1.25 ／ 2021.2.12 ／ 2022.2.1
射手座：2020.2.24 ／ 2021.3.13 ／ 2022.3.3
山羊座：2020.3.24 ／ 2021.4.12 ／ 2022.4.1
水瓶座：2020.4.23 ／ 2021.5.12 ／ 2022.5.1
魚　座：2020.5.23 ／ 2021.6.10 ／ 2022.5.30

【あなたの星座の「家の日」の直近の満月】

牡羊座：2020.1.11 ／ 2020.12.30 ／ 2022.1.18
牡牛座：2020.2.9 ／ 2021.1.29 ／ 2022.2.17
双子座：2020.3.10 ／ 2021.2.27 ／ 2022.3.18
蟹　座：2020.4.8 ／ 2021.3.29 ／ 2022.4.17
獅子座：2020.5.7 ／ 2021.4.27 ／ 2022.5.16
乙女座：2020.6.6 ／ 2021.5.26 ／ 2022.6.14
天秤座：2019.7.17 ／ 2020.7.5 ／ 2021.6.25
蠍　座：2019.8.15 ／ 2020.8.4 ／ 2021.7.24 ／ 2021.8.22
射手座：2019.9.14 ／ 2020.9.2 ／ 2021.9.21
山羊座：2019.10.14 ／ 2020.10.2 ／ 2021.10.20
水瓶座：2019.11.12 ／ 2020.10.31 ／ 2021.11.19
魚　座：2019.12.12 ／ 2020.11.30 ／ 2021.12.19

「愛の日」の新月と満月

　この日に新月が重なると、私は占いに「『愛が生まれる』ようなタイミング」と書きます。
　新月は「スタート」で、それが「愛の日」なのですから、「愛が生まれる」というイメージになります。この日に出会った相手が、いつかパートナーになる、といったことがじゅうぶん、あり得るのです。

　もちろん「一目惚れ！」のように、出会いの瞬間に、自分にとって相手が特別な人であることがわかる場合もないわけではありません。ですが現実には、出会いの瞬間には、相手がいずれパートナーになるとはわからないケースのほうが、多いのではないかと思います。なので、「愛が生まれる日なのに、何もなかった！」と思う人は多いだろうな、という気もします。

　ただ、その日に起こった出来事のなかから、いずれ大きな愛の大樹が育つかもしれないと思えば、一つひとつの出来事を「大切にしたい」という気持ちになれるのではないでしょうか。

　その気持ちこそが、愛の手掛かりとも、土壌ともなるはずだと思うのです。

この日が満月ならば、「愛が実る日」「愛が満ちる日」です。
愛について重ねてきた努力が報われる日であり、胸一杯に愛が広がる日、と言えると思います。

　あるいは、この日にもし、愛の終わりが訪れたなら、それは少なくともこの段階では「愛のゴール」がそこにあったということになるのかもしれません。
　いずれにせよ、愛に関するひとつの大きな節目がめぐってきやすいとき、ということになります。

　「愛の日」と言えば、恋愛を思い浮かべる人が多いはずですが、**この「愛」は、子どもへの愛や趣味への愛、ペットへの愛、仕事への愛など、なんでも当てはまります。あなたが個人として抱く愛ならどんな愛でも、「愛の日」なのです。**

　趣味や創造的な活動に関係が深い日なので、「愛の日」が新月だった場合は「新しい趣味に出会う」「新しい作品を作りはじめる」「編み物や縫い物をはじめる」「ペットを飼いはじめる」などのことも起こりやすいはずです。
　また、クリエイティブな活動を仕事にしている人は、仕事のチャンスがめぐってくるかもしれません。この日に満月が重なった場合は、作ってきた作品が完成したり、飼いはじめた犬が懐いてくれたり、といったタイミングがめぐってくるかもしれません。創造的な活動や、一般的な愛に関して、ひとつの到達点にたどり着けます。

【あなたの星座の「愛の日」の直近の新月】

牡羊座：2019.8.1 ／ 2020.8.19 ／ 2021.8.8
牡牛座：2019.8.30 ／ 2020.9.17 ／ 2021.9.7
双子座：2019.9.29 ／ 2020.10.17 ／ 2021.10.6
蟹　座：2019.10.28 ／ 2020.11.15 ／ 2021.11.5
獅子座：2019.11.27 ／ 2020.12.15 ／ 2021.12.4
乙女座：2019.12.26 ／ 2021.1.13 ／ 2022.1.3
天秤座：2020.1.25 ／ 2021.2.12 ／ 2022.2.1
蠍　座：2020.2.24 ／ 2021.3.13 ／ 2022.3.3
射手座：2020.3.24 ／ 2021.4.12 ／ 2022.4.1
山羊座：2020.4.23 ／ 2021.5.12 ／ 2022.5.1
水瓶座：2020.5.23 ／ 2021.6.10 ／ 2022.5.30
魚　座：2020.6.21 ／ 2020.7.21 ／ 2021.7.10 ／ 2022.6.29

【あなたの星座の「愛の日」の直近の満月】

牡羊座：2020.2.9 ／ 2021.1.29 ／ 2022.2.17
牡牛座：2020.3.10 ／ 2021.2.27 ／ 2022.3.18
双子座：2020.4.8 ／ 2021.3.29 ／ 2022.4.17
蟹　座：2020.5.7 ／ 2021.4.27 ／ 2022.5.16
獅子座：2020.6.6 ／ 2021.5.26 ／ 2022.6.14
乙女座：2019.7.17 ／ 2020.7.5 ／ 2021.6.25
天秤座：2019.8.15 ／ 2020.8.4 ／ 2021.7.24 ／ 2021.8.22
蠍　座：2019.9.14 ／ 2020.9.2 ／ 2021.9.21
射手座：2019.10.14 ／ 2020.10.2 ／ 2021.10.20
山羊座：2019.11.12 ／ 2020.10.31 ／ 2021.11.19
水瓶座：2019.12.12 ／ 2020.11.30 ／ 2021.12.19
魚　座：2020.1.11 ／ 2020.12.30 ／ 2022.1.18

6

「メンテナンスの日」の新月と満月

　体調の節目となりやすいときです。
　特に満月が重なった場合は、ふだんから積み重ねてきているものが、調子の変化として現れやすいはずです。たとえば、健康に関して毎日積み重ねている習慣の効果が出るかもしれません。あるいは、無理を重ねてきた人は、大きく体調を崩す可能性もあります。

　自分の身体がいま、何を必要としているのかを確認し、「ふだんの生活サイクル」を仕切り直せます。

　新月には、新しい生活習慣を導入しやすいかもしれません。健康のために体操をはじめたり、食生活をあらためたり、日々の時間の使い方を変えたりといったイメージのタイミングです。化粧品やバス用品などを新たに「使いはじめる」日となるかもしれません。

　私たちの生活は、「同じことを繰り返す」部分をたくさん含んでいます。でも、どんな習慣にも「それをはじめた日」があるはずです。「メンテナンスの日」と新月が重なるタイミングは、そんな**「生活習慣」の最初の一歩を踏み出すようなとき**と言えるでしょう。
　満月は、そうした習慣の積み重ねによる効果・成果が、ある種の現象としてはっきり見えてくるときです。
　「メンテナンスの日」は、調整の日、就労条件の変化の日、役割

分担の日でもあります。この日が新月・満月に重なるときは、ふだんの役割分担を変える機会となりますし、自分の任務のナカミを見直す機会でもあります。

　たとえば、私たちは自分で自分に課題を出すことがありますが、それをかならず達成できるとはかぎりません。「この教科書を毎日、10ページずつやるぞ！」と思っても、実際には3ページずつしか進めなかった、というようなことになります。この場合、私たちは計画と現実のギャップに失望し、徐々に意欲を失って、三日坊主になってしまったりします。

　「メンテナンスの日」は、こうした**「計画と現実のギャップ」を埋めるための調整をしやすい日**です。

　毎日10ページ、と計画しても3ページしか進めなかったなら、それは現実の自分がダメなのではなく、計画のほうが見当違いだったのです。であれば「毎日3ページやろう、疲れている日は1ページでも、3行でもいいから、とにかく続けることだけを重視しよう」というふうに、計画を変更すべきなのです。

　「メンテナンスの日」は、いろいろなことを調整するのに適していますが、特に新月や満月といった「ターニングポイント」が重なったときは、ぐっと大きく舵を切りやすいはずです。

　新月は「仕切り直し」、満月は「マイルストーンの確認」に適しています。理想と現実の橋渡しをし、自分にとってより望ましい軌道修正ができるタイミングなのです。

【あなたの星座の「メンテナンスの日」直近の新月】

牡羊座：2019.8.30 ／ 2020.9.17 ／ 2021.9.7
牡牛座：2019.9.29 ／ 2020.10.17 ／ 2021.10.6
双子座：2019.10.28 ／ 2020.11.15 ／ 2021.11.5
蟹　座：2019.11.27 ／ 2020.12.15 ／ 2021.12.4
獅子座：2019.12.26 ／ 2021.1.13 ／ 2022.1.3
乙女座：2020.1.25 ／ 2021.2.12 ／ 2022.2.1
天秤座：2020.2.24 ／ 2021.3.13 ／ 2022.3.3
蠍　座：2020.3.24 ／ 2021.4.12 ／ 2022.4.1
射手座：2020.4.23 ／ 2021.5.12 ／ 2022.5.1
山羊座：2020.5.23 ／ 2021.6.10 ／ 2022.5.30
水瓶座：2020.6.21 ／ 2020.7.21 ／ 2021.7.10 ／ 2022.6.29
魚　座：2019.8.1 ／ 2020.8.19 ／ 2021.8.8

【あなたの星座の「メンテナンスの日」直近の満月】

牡羊座：2020.3.10 ／ 2021.2.27 ／ 2022.3.18
牡牛座：2020.4.8 ／ 2021.3.29 ／ 2022.4.17
双子座：2020.5.7 ／ 2021.4.27 ／ 2022.5.16
蟹　座：2020.6.6 ／ 2021.5.26 ／ 2022.6.14
獅子座：2019.7.17 ／ 2020.7.5 ／ 2021.6.25
乙女座：2019.8.15 ／ 2020.8.4 ／ 2021.7.24 ／ 2021.8.22
天秤座：2019.9.14 ／ 2020.9.2 ／ 2021.9.21
蠍　座：2019.10.14 ／ 2020.10.2 ／ 2021.10.20
射手座：2019.11.12 ／ 2020.10.31 ／ 2021.11.19
山羊座：2019.12.12 ／ 2020.11.30 ／ 2021.12.19
水瓶座：2020.1.11 ／ 2020.12.30 ／ 2022.1.18
魚　座：2020.2.9 ／ 2021.1.29 ／ 2022.2.17

7

「人に会う日」の新月と満月

　この日が新月と重なった場合、私は占いに「出会いの日」と書きます。新月は「スタート」ですから、人と「会いはじめる日」ということになります。つまり「出会いの日」です。

　だれかと出会い、おたがいを大切な人間と思えるような関係を育てていく、その「スタートライン」のような日です。

　あるいは、すでに知り合っている相手との関係が新しいものに変わる、といったことも起こるかもしれません。単なる知人や友だちとの関係が、一歩進んで恋人同士となる、といった可能性もあります。

　「人に会う日」は、パートナーシップの日であり、人間関係全般に変化が起こりやすい日です。パートナーとの関係に新しい風が吹きこんだり、ふだんの人間関係に新鮮な変化が生じたりする日なのです。

　この日が満月となった場合、私は「人間関係やパートナーシップにおける努力が報われるような日」と書くことが多いです。
　多くの人が、だれかとの関係においていろいろな試行錯誤をし、工夫をしているものではないでしょうか。そうした工夫がこの日に

「実を結ぶ」ようなことがあるだろうと思うのです。

　たとえば、時間をかけて続けてきた交渉がついに合意に達し、正式に契約を結ぶ、といった場面がこの日に重なるかもしれません。

　また、プロポーズを受ける日となるかもしれません。人と人との関わりのドラマが、ここでひとつの到達点に至るのです。

　一対一の人間関係は、人間そのもののように、生みおとされ、育てられていくものだと思います。
　私たちは自分を、ひとりの完結した人間だと感じていますが、実際は「関わる相手」によって、さまざまな顔を持ちうるものです。

　いわば、関わる相手の数だけ自分がいるのです。

　そういう意味で、「人に会う日」の新月や満月は「新しい自分を引き出される日」と言ってもいいのかもしれません。

【あなたの星座の「人に会う日」の直近の新月】

牡羊座：2019.9.29 ／ 2020.10.17 ／ 2021.10.6
牡牛座：2019.10.28 ／ 2020.11.15 ／ 2021.11.5
双子座：2019.11.27 ／ 2020.12.15 ／ 2021.12.4
蟹　座：2019.12.26 ／ 2021.1.13 ／ 2022.1.3
獅子座：2020.1.25 ／ 2021.2.12 ／ 2022.2.1
乙女座：2020.2.24 ／ 2021.3.13 ／ 2022.3.3
天秤座：2020.3.24 ／ 2021.4.12 ／ 2022.4.1
蠍　座：2020.4.23 ／ 2021.5.12 ／ 2022.5.1
射手座：2020.5.23 ／ 2021.6.10 ／ 2022.5.30
山羊座：2020.6.21 ／ 2020.7.21 ／ 2021.7.10 ／ 2022.6.29
水瓶座：2019.8.1 ／ 2020.8.19 ／ 2021.8.8
魚　座：2019.8.30 ／ 2020.9.17 ／ 2021.9.7

【あなたの星座の「人に会う日」の直近の満月】

牡羊座：2020.4.8 ／ 2021.3.29 ／ 2022.4.17
牡牛座：2020.5.7 ／ 2021.4.27 ／ 2022.5.16
双子座：2020.6.6 ／ 2021.5.26 ／ 2022.6.14
蟹　座：2019.7.17 ／ 2020.7.5 ／ 2021.6.25
獅子座：2019.8.15 ／ 2020.8.4 ／ 2021.7.24 ／ 2021.8.22
乙女座：2019.9.14 ／ 2020.9.2 ／ 2021.9.21
天秤座：2019.10.14 ／ 2020.10.2 ／ 2021.10.20
蠍　座：2019.11.12 ／ 2020.10.31 ／ 2021.11.19
射手座：2019.12.12 ／ 2020.11.30 ／ 2021.12.19
山羊座：2020.1.11 ／ 2020.12.30 ／ 2022.1.18
水瓶座：2020.2.9 ／ 2021.1.29 ／ 2022.2.17
魚　座：2020.3.10 ／ 2021.2.27 ／ 2022.3.18

「プレゼントの日」の新月と満月

　この日の新月は、何か大切なものを「受け取りはじめる日」であることを示しています。

　たとえば、だれかがあなたへの協力やサポートを約束してくれるかもしれません。あるいは、「融資がはじまる」ような日となるかもしれません。
　贈与を受け、その贈与を通した関係性がスタートしていくようなタイミングです。

　この日が満月だったなら、だれかが「満を持して」あなたに素敵なプレゼントをくれる、といったことが起こるかもしれません。長らくの関わりや好意の到達点として、象徴的なギフトがやりとりされるかもしれません。

　たとえば、財布の口や家の玄関など、私たちはさまざまな「門」を持っています。それに鍵をかけて固く閉ざすことによって、自分を守っています。
　身体の「口」や肛門、性器のような部分も、大切に守られ、閉めるときはキッチリ閉めておかなければならない「門（ゲート）」です。

そこから出入りするものは、私たちの命を守ると同時に、危険にさらすこともあるのです。

　「プレゼント」には、受け取っていいものと、そうでないものがあります。「プレゼントの日」には、私たちは自分の管理しているさまざまな「門（ゲート）」を、開いても大丈夫かどうか検討し、判断することになります。

　「舌切り雀」や「浦島太郎」、「金の斧と銀の斧」のお話など、「贈り物を受け取るかどうか」を判断することの難しさを伝えるおとぎ話はたくさんあります。
　私たちの日常生活においても、その判断は常に問われます。

　「プレゼントの日」の新月や満月は、私たちが何を受け取り、何を受け取るべきでないか、それを判断できる日なのです。

【あなたの星座の「プレゼントの日」の直近の新月】

牡羊座：2019.10.28 ／ 2020.11.15 ／ 2021.11.5
牡牛座：2019.11.27 ／ 2020.12.15 ／ 2021.12.4
双子座：2019.12.26 ／ 2021.1.13 ／ 2022.1.3
蟹　座：2020.1.25 ／ 2021.2.12 ／ 2022.2.1
獅子座：2020.2.24 ／ 2021.3.13 ／ 2022.3.3
乙女座：2020.3.24 ／ 2021.4.12 ／ 2022.4.1
天秤座：2020.4.23 ／ 2021.5.12 ／ 2022.5.1
蠍　座：2020.5.23 ／ 2021.6.10 ／ 2022.5.30
射手座：2020.6.21 ／ 2020.7.21 ／ 2021.7.10 ／ 2022.6.29
山羊座：2019.8.1 ／ 2020.8.19 ／ 2021.8.8
水瓶座：2019.8.30 ／ 2020.9.17 ／ 2021.9.7
魚　座：2019.9.29 ／ 2020.10.17 ／ 2021.10.6

【あなたの星座の「プレゼントの日」の直近の満月】

牡羊座：2020.5.7 ／ 2021.4.27 ／ 2022.5.16
牡牛座：2020.6.6 ／ 2021.5.26 ／ 2022.6.14
双子座：2019.7.17 ／ 2020.7.5 ／ 2021.6.25
蟹　座：2019.8.15 ／ 2020.8.4 ／ 2021.7.24 ／ 2021.8.22
獅子座：2019.9.14 ／ 2020.9.2 ／ 2021.9.21
乙女座：2019.10.14 ／ 2020.10.2 ／ 2021.10.20
天秤座：2019.11.12 ／ 2020.10.31 ／ 2021.11.19
蠍　座：2019.12.12 ／ 2020.11.30 ／ 2021.12.19
射手座：2020.1.11 ／ 2020.12.30 ／ 2022.1.18
山羊座：2020.2.9 ／ 2021.1.29 ／ 2022.2.17
水瓶座：2020.3.10 ／ 2021.2.27 ／ 2022.3.18
魚　座：2020.4.8 ／ 2021.3.29 ／ 2022.4.17

「旅の日」の新月と満月

　この日の新月では、私はしばしば「遠い場所に向けて出発するような日」「冒険の旅に出るような日」と書きます。
　「旅の日」に新月という「スタート」が重なるのですから、「旅に出る」ということになります。

　また、この日は「学びの日」でもありますので、「勉強をはじめる日」とも言えます。
　「メッセージの日」の新月もまた「勉強をはじめる日」なのですが、そちらは基礎的な勉強や一般教養などに適しています。
　一方「旅の日」の新月には、自分の専門分野を強化するような勉強、だれもが知っているようなことでない、ごくニッチな分野に関する勉強、哲学や思想、宗教といった分野に関する勉強などが当てはまります。

　この日が満月なら、私は「満を持して、行きたかった場所に行けるようになるかも」「旅の目的地にたどり着けるかも」などという占いを書きます。

　遠い場所と「満ちる」タイミングの組み合わせです。勉強に関しては、たとえば研究論文がまとまるようなタイミング、試験の結果が出るようなタイミングに、この満月が重なるかもしれません。

【あなたの星座の「旅の日」の直近の新月】

牡羊座：2019.11.27 ／ 2020.12.15 ／ 2021.12.4
牡牛座：2019.12.26 ／ 2021.1.13 ／ 2022.1.3
双子座：2020.1.25 ／ 2021.2.12 ／ 2022.2.1
蟹　座：2020.2.24 ／ 2021.3.13 ／ 2022.3.3
獅子座：2020.3.24 ／ 2021.4.12 ／ 2022.4.1
乙女座：2020.4.23 ／ 2021.5.12 ／ 2022.5.1
天秤座：2020.5.23 ／ 2021.6.10 ／ 2022.5.30
蠍　座：2020.6.21 ／ 2020.7.21 ／ 2021.7.10 ／ 2022.6.29
射手座：2019.8.1 ／ 2020.8.19 ／ 2021.8.8
山羊座：2019.8.30 ／ 2020.9.17 ／ 2021.9.7
水瓶座：2019.9.29 ／ 2020.10.17 ／ 2021.10.6
魚　座：2019.10.28 ／ 2020.11.15 ／ 2021.11.5

【あなたの星座の「旅の日」の直近の満月】

牡羊座：2020.6.6 ／ 2021.5.26 ／ 2022.6.14
牡牛座：2019.7.17 ／ 2020.7.5 ／ 2021.6.25
双子座：2019.8.15 ／ 2020.8.4 ／ 2021.7.24 ／ 2021.8.22
蟹　座：2019.9.14 ／ 2020.9.2 ／ 2021.9.21
獅子座：2019.10.14 ／ 2020.10.2 ／ 2021.10.20
乙女座：2019.11.12 ／ 2020.10.31 ／ 2021.11.19
天秤座：2019.12.12 ／ 2020.11.30 ／ 2021.12.19
蠍　座：2020.1.11 ／ 2020.12.30 ／ 2022.1.18
射手座：2020.2.9 ／ 2021.1.29 ／ 2022.2.17
山羊座：2020.3.10 ／ 2021.2.27 ／ 2022.3.18
水瓶座：2020.4.8 ／ 2021.3.29 ／ 2022.4.17
魚　座：2020.5.7 ／ 2021.4.27 ／ 2022.5.16

10

「達成の日」の新月と満月

　この日が新月の場合、

「新しいミッションがスタートする日」
「新しい役割を得る日」

　と書くことが多いです。
　新しい仕事がはじまりそうなタイミングですし、肩書きがあらたまりそうなときでもあります。

　仕事だけでなく、勉強や、目標に向かってやっている活動などに関して、新たな局面を迎えることになりやすいのです。

　新しい目標を掲げ、その目標に向かうための最初のアクションを起こす、といったことにも適しています。

　また、これまでに掲げてきた目標をある程度達成したところで、別の目標を掲げるための模索をはじめる、といったタイミングになる可能性もあります。

　満月の場合は「仕事や勉強、対外的な活動において、大きな結果を出せるとき」という書き方をします。

なんらかの活動の結果が、だれからもはっきりわかる成果として現れます。
　人からほめられたり、評価されたりするかもしれません。
　また、実績を認められた上で新しいポジションに抜擢される、といったことも起こるでしょう。

　結果を出すことや目標を達成することは、ひとつの「ゴール」です。ゴールにたどり着いてしまったら、また次のゴールを探す必要があります。

　「達成の日」の新月と満月は、目標や立場そのものについて見つめ直すことができる時間と言えます。

　いまの自分が目指すにふさわしい目標はなんなのか。
　いまの自分にふさわしいポジションとはなんなのか。

　それを確認できるのが、この日の新月と満月のタイミングです。

【あなたの星座の「達成の日」の直近の新月】

牡羊座：2019.12.26 ／ 2021.1.13 ／ 2022.1.3
牡牛座：2020.1.25 ／ 2021.2.12 ／ 2022.2.1
双子座：2020.2.24 ／ 2021.3.13 ／ 2022.3.3
蟹　座：2020.3.24 ／ 2021.4.12 ／ 2022.4.1
獅子座：2020.4.23 ／ 2021.5.12 ／ 2022.5.1
乙女座：2020.5.23 ／ 2021.6.10 ／ 2022.5.30
天秤座：2020.6.21 ／ 2020.7.21 ／ 2021.7.10 ／ 2022.6.29
蠍　座：2019.8.1 ／ 2020.8.19 ／ 2021.8.8
射手座：2019.8.30 ／ 2020.9.17 ／ 2021.9.7
山羊座：2019.9.29 ／ 2020.10.17 ／ 2021.10.6
水瓶座：2019.10.28 ／ 2020.11.15 ／ 2021.11.5
魚　座：2019.11.27 ／ 2020.12.15 ／ 2021.12.4

【あなたの星座の「達成の日」の直近の満月】

牡羊座：2019.7.17 ／ 2020.7.5 ／ 2021.6.25
牡牛座：2019.8.15 ／ 2020.8.4 ／ 2021.7.24 ／ 2021.8.22
双子座：2019.9.14 ／ 2020.9.2 ／ 2021.9.21
蟹　座：2019.10.14 ／ 2020.10.2 ／ 2021.10.20
獅子座：2019.11.12 ／ 2020.10.31 ／ 2021.11.19
乙女座：2019.12.12 ／ 2020.11.30 ／ 2021.12.19
天秤座：2020.1.11 ／ 2020.12.30 ／ 2022.1.18
蠍　座：2020.2.9 ／ 2021.1.29 ／ 2022.2.17
射手座：2020.3.10 ／ 2021.2.27 ／ 2022.3.18
山羊座：2020.4.8 ／ 2021.3.29 ／ 2022.4.17
水瓶座：2020.5.7 ／ 2021.4.27 ／ 2022.5.16
魚　座：2020.6.6 ／ 2021.5.26 ／ 2022.6.14

11

「友だちの日」の新月と満月

　この日が新月の場合「新しい友だちができるかも」「仲間が増えるかも」と書きたくなります。

　新月は「スタート」のタイミングなので、友だちとしての関係がはじまる時間と言えるわけです。

　この日が満月だった場合は、チームワークが「仕上がる」ようなイメージがわきます。仲間との結束が強まったり、みんなで楽しい時間をすごせたりするはずです。

　人間関係の日と言えば「人に会う日」ですが、「人に会う日」は一対一の人間関係に軸足が置かれます。

　一方「友だちの日」は、チームやグループで集まるような、あるいはネットワークを形成するようなイメージの日です。人がなんとなく集まってくるような日なのです。

　また、この日は「未来の計画」「希望」「夢」などとも関係があります。
　この日が新月なら、新しい夢に出会えるかもしれません。
　満月であれば、夢に大きく一歩近づけるかもしれません。練って

きた計画が完成したり、計画を実行に移すためのメンバーが揃ったりするかもしれません。

　さらに、この日は「単純に『うれしい！』と思えることの多い日」という書き方をすることもあります。
　世界から受け取れるものがある日、あなたの手に手渡される喜びがある日なのです。

【あなたの星座の「友だちの日」の直近の新月】

牡羊座：2020.1.25 ／ 2021.2.12 ／ 2022.2.1
牡牛座：2020.2.24 ／ 2021.3.13 ／ 2022.3.3
双子座：2020.3.24 ／ 2021.4.12 ／ 2022.4.1
蟹　座：2020.4.23 ／ 2021.5.12 ／ 2022.5.1
獅子座：2020.5.23 ／ 2021.6.10 ／ 2022.5.30
乙女座：2020.6.21 ／ 2020.7.21 ／ 2021.7.10 ／ 2022.6.29
天秤座：2019.8.1 ／ 2020.8.19 ／ 2021.8.8
蠍　座：2019.8.30 ／ 2020.9.17 ／ 2021.9.7
射手座：2019.9.29 ／ 2020.10.17 ／ 2021.10.6
山羊座：2019.10.28 ／ 2020.11.15 ／ 2021.11.5
水瓶座：2019.11.27 ／ 2020.12.15 ／ 2021.12.4
魚　座：2019.12.26 ／ 2021.1.13 ／ 2022.1.3

【あなたの星座の「友だちの日」の直近の満月】

牡羊座：2019.8.15 ／ 2020.8.4 ／ 2021.7.24 ／ 2021.8.22
牡牛座：2019.9.14 ／ 2020.9.2 ／ 2021.9.21
双子座：2019.10.14 ／ 2020.10.2 ／ 2021.10.20
蟹　座：2019.11.12 ／ 2020.10.31 ／ 2021.11.19
獅子座：2019.12.12 ／ 2020.11.30 ／ 2021.12.19
乙女座：2020.1.11 ／ 2020.12.30 ／ 2022.1.18
天秤座：2020.2.9 ／ 2021.1.29 ／ 2022.2.17
蠍　座：2020.3.10 ／ 2021.2.27 ／ 2022.3.18
射手座：2020.4.8 ／ 2021.3.29 ／ 2022.4.17
山羊座：2020.5.7 ／ 2021.4.27 ／ 2022.5.16
水瓶座：2020.6.6 ／ 2021.5.26 ／ 2022.6.14
魚　座：2019.7.17 ／ 2020.7.5 ／ 2021.6.25

12

「ひみつの日」の新月と満月

　この日に新月が重なると、しばしば「第三者からは見えないところで、何か大事なことがはじまるかも」と書きます。
　心のなかの押し入れのような場所に、フレッシュな風が吹きこむようなタイミングなのです。

　心のなかに積み上がったガラクタを処分する勇気がわいてきます。余計な不安が吹っ切れて、気持ちが安定してくる、といったこともあるかもしれません。

　この日に満月が重なると、「長いあいだの悩みが消えていく」「だれかを許せるようになる」といった書き方をすることがあります。「過去」との向き合い方が、長い時間の果てにふと変わっていくようなタイミングなのです。

　私たちは自分の心さえも「開けて見てみる」ことができません。

　心のなかで起こることは、とても不思議です。

　激しい怒りが、長い時間の果てに消えてしまうことがあります。
　どうしても許せなかった相手を、ある日突然、許せるようになったりします。

また、自分でどうしても認められなかったことが認められるようになったり、自分で自分を解放する手掛かりが「降りてくる」こともあります。

　そんなふうに、私たちが意識や意志によってどうしても操作できない「自分の心」が、この日の新月や満月を境に、すっと変容していくかもしれません。

　こうした変化は、私たちの人生においては、非常に重要で、大きな出来事です。

　でも、それは他人には決して理解できませんし、説明しようとしても、うまくいきません。

　「自分」というものと深く対話できる特別な時間が、この日の新月や満月に、めぐってくる可能性があるのです。

【あなたの星座の「ひみつの日」の直近の新月】

牡羊座：2020.2.24 ／ 2021.3.13 ／ 2022.3.3
牡牛座：2020.3.24 ／ 2021.4.12 ／ 2022.4.1
双子座：2020.4.23 ／ 2021.5.12 ／ 2022.5.1
蟹　座：2020.5.23 ／ 2021.6.10 ／ 2022.5.30
獅子座：2020.6.21 ／ 2020.7.21 ／ 2021.7.10 ／ 2022.6.29
乙女座：2019.8.1 ／ 2020.8.19 ／ 2021.8.8
天秤座：2019.8.30 ／ 2020.9.17 ／ 2021.9.7
蠍　座：2019.9.29 ／ 2020.10.17 ／ 2021.10.6
射手座：2019.10.28 ／ 2020.11.15 ／ 2021.11.5
山羊座：2019.11.27 ／ 2020.12.15 ／ 2021.12.4
水瓶座：2019.12.26 ／ 2021.1.13 ／ 2022.1.3
魚　座：2020.1.25 ／ 2021.2.12 ／ 2022.2.1

【あなたの星座の「ひみつの日」の直近の満月】

牡羊座：2019.9.14 ／ 2020.9.2 ／ 2021.9.21
牡牛座：2019.10.14 ／ 2020.10.2 ／ 2021.10.20
双子座：2019.11.12 ／ 2020.10.31 ／ 2021.11.19
蟹　座：2019.12.12 ／ 2020.11.30 ／ 2021.12.19
獅子座：2020.1.11 ／ 2020.12.30 ／ 2022.1.18
乙女座：2020.2.9 ／ 2021.1.29 ／ 2022.2.17
天秤座：2020.3.10 ／ 2021.2.27 ／ 2022.3.18
蠍　座：2020.4.8 ／ 2021.3.29 ／ 2022.4.17
射手座：2020.5.7 ／ 2021.4.27 ／ 2022.5.16
山羊座：2020.6.6 ／ 2021.5.26 ／ 2022.6.14
水瓶座：2019.7.17 ／ 2020.7.5 ／ 2021.6.25
魚　座：2019.8.15 ／ 2020.8.4 ／ 2021.7.24 ／ 2021.8.22

新月と満月は「役に立つ」か?

「新月の日には、願い事をする」
「満月に向かって、お財布を振る」

　こうしたことを実践している方もいらっしゃるかもしれません。
　私にも「新月の日にやったほうがいいことを教えてください」「満月の日のすごし方を教えてください」というご質問がときどき、寄せられます。

　ここで、私自身が新月や満月の日にやっていることをこっそり（？）ご紹介しましょう。

　実は……特にありません！

　新月の日や満月の日に「こうしよう」というようなマイルール・習慣は、私にはありません。

　では、新月や満月が私の生活になんの関係もないかと言うと、決して、そうではないのです。

　商売柄、私は新月や満月の日を常に気にしていますし、いまが「満ちていく月の時間」なのか、「欠けていく月の時間」なのかを、

ほとんど無意識にわかっています。
　そして、それを季節や週の区切りのように「感じながら」生活しているのです。

　「感じながら生活する」とは、どういうことでしょうか。

　みなさんも、いろいろなことを感じながら生活していると思います。
　「あと3日で休日になるな」
　「だいぶ暖かくなってきたなあ、そろそろコタツをしまおう」
　「洗いたいスーツがたまってきたから、クリーニング屋さんに行かなければ」

　等々、漠然とした「時間」の感覚が頭のなかにふわふわ浮かんでいるのではないでしょうか。

　カレンダーを見なくても、私たちは心のなかに曜日や「そろそろ月末だな」など、漠然とした時間のイメージを保持しています。そんな「時間のイメージ」のなかに、私の場合は「新月 - 満月のサイクル」が含まれているわけです。

　私にとっては、この「月の時間」の感覚は、けっこう大事なものですし、自分のなかにあってよかったな、と思っています。

というのも、新月や満月という時間のイメージは、元日やお盆に感じるものにちょっと似ているのです。

　元日、私たちはさまざまな「儀式」をとりおこないます。お節料理を食べ、晴れ着を着、年賀状という特別なコミュニケーションを交わします。テレビ番組も、近所の風景も、ふだんとはだいぶ違ったものになっています。

　多くの習慣や儀式を元日という時間に詰め込んで、私たちは年が切り替わったことを感じます。
　そして、気持ちを切り替えたり、新しい希望を抱いたりします。

　新月は、たとえば元日の雰囲気に、かすかに似た感触を持っています。少なくとも私のなかでは、新月がめぐってくると、不思議にフレッシュな、清らかな時間が流れます。何をするわけでもないのですが、

「ここからまた、新しく時間がはじまる」

　というリセット感が生まれるのです。

　一方、満月にはある種の到達感、満足感、

「ここまで来られた」

という達成感のようなものを感じます。
　「ここでひとつ、山を越えたぞ」というような感覚です。

　これは、満月に合わせて何かをした、ということではありません。ただ、新月から満月に至る時間が、ひとつの山登りのようだった、と感じられるのです。ここからまた、もっと長い時間に向かってこの山を下りていこう、という気持ちになれるのです。

　はなはだ漠然としていて、参考にならないかもしれません。
　ですが私にとっては、この感覚がとても大事です。

　そして、この感覚に無意識に物事を「合わせて」いる感じもなくはありません。
　たとえば、原稿の〆切を満月の翌日（余裕を見ています）に設定させてもらうことがよくあります。
　また、企画会議や新しい仕事の打合せなどは、新月の近くになることが多いように思われます。

　狙ってやっているわけではないのですが、自然にそうしたスケジュールになりやすいのです。
　そして、新月や満月のイメージに、それらの期日はよく「似合う」感じがします。

とはいえ、これは決して「〆切を満月に、打合せを新月にすると、うまくいく」「そのほうが幸運である」というような意味ではありません。

　私のなかには、「時間やスケジュールを星占いのルールに合わせて操作すれば、物事がより望ましい方向に動く」という考え方はありません。
　そういう考え方も存在するのは知っていますが、どうも、心がそれに納得しないのです。
　もちろん、これはまったくの個人的な感情です。「お日柄を選ぶ」ような占いを否定するものではありません。そうしたことが心にしっくりくる人は、それをするのがよいと思います。ただ、私にはそれはしみこまなかった、というだけのことです。

　「元日にお節を食べれば運がよくなる」「初詣に行けば開運できる」などという考え方もあると思います。実際「まめに働く（くろまめ）」「よろこぶ（こんぶ）」など、縁起を担いだ食べ物がお節にはたくさん入っています。これはまさに「開運」を願ったものです。

　でも、実際にお節を食べ、初詣に行くことに、それほど「運勢」のようなものを感じている人は少ないのではないかと思います。なんらかのマジカルな効果を期待してそうしたことをするのではなく、「その時間」と「その習慣」が心のなかで噛み合う感覚が、私たちをある種の文化的な習慣に誘うのではないでしょうか。

誤解を怖れずに言えば、

新月は「過去の時間をヴァーチャルに切り離す」イメージ

を担ってくれます。一方、

満月は「目指すべき目標・目的地・ゴール」のイメージ

を担当しています。

　私は新月がめぐってくるたびに「よし、これまでの悩みからいったん、離脱しよう」と思えます。
　満月のたびに「よしよし、とにかくここまでは来られたぞ」と思えます。
　これはあくまで、胸のなかのひそかなつぶやきにすぎませんが、それでも月だけは、つぶやきにうなずいてくれるのです。
　この感覚によって、小さなことを笑い飛ばす余裕が生まれます。

　また、大きすぎるように思える課題も、月の時間で小さく区切って、「まず、この小さな課題に取り組もう」というふうに目標を限定できます。それで、プレッシャーを振り払って手元に集中することができるようになるのです。

3

物事が
いつもどおりにいかない日

「ボイドタイム」とは?

　星占いでは「ムーンボイド」「月のボイド」「ボイドタイム」などと呼ばれる時間があります。ただ「ボイド」と呼ぶこともあります。
　3日に一度ほど訪れるこの不思議な時間を記載した手帳も、最近ではいくつか出ています。ネットでも「ボイドタイム」などで検索すると、その時間帯を調べることができます。

　これらの時間は、主に以下のような特徴があるとされます。

- 予定していたことが起こらない
- ボイドタイムに着手したことは無効になる
- 期待どおりの結果にならない
- ここでの心配ごとはあまり意味がない
- 取り越し苦労をしやすい
- 衝動買いをしやすい
- この時間に占いをしても、無効になる。意味がない

　なんだか不思議な時間ですね。

ある人は、ボイドタイムを「風船の糸が切れたような時間」と言いました。ふわふわして、どこにゆくかわからず、コントロールもできない時間なのです。

　実は、前章までに解説してきた「12種類の日」が切り替わる直前が、この「ボイドタイム」となります。「12種類の日」が切り替わると同時に、ボイドタイムは終了します。

<u>ボイド終了＝「新しい日」のはじまり</u>

なのです。

　ボイドタイムは一見してよくない時間のように思う人もいるかもしれません。
　でも、たとえばメッセージの返信が来なかったり、漠然とした不安が強まったり、物事が予定どおりに進まなかったりしたとき、それがボイドタイムだと知っていれば、「それほど心配しなくても大丈夫だな」「次の日がはじまれば、状況が変わるな」ということがわかります。これは、けっこう便利です。

17：35にボイドタイムがはじまり、
8：36に月が蠍座に移動すると同時に
ボイドは終了します

2019/9月

	月の星座移動	ボイドタイム
1日	乙女座→天秤座	～8:09
2日	天秤座	17:35～
3日	天秤座→蠍座	～8:36
4日	蠍座	19:59～
5日	蠍座→射手座	～12:09
6日	射手座	
7日	射手座→山羊座	1:04～19:38
8日	山羊座	
9日	山羊座	17:31～
10日	山羊座→水瓶座	～6:25
11日	水瓶座	14:24～
12日	水瓶座→魚座	～18:53
13日	魚座	
14日	○魚座	13:34～
15日	魚座→牡羊座	～7:34
16日	牡羊座	
17日	牡羊座→牡牛座	1:04～19:32
18日	牡牛座	
19日	牡牛座	22:58～
20日	牡牛座→双子座	～5:59
21日	双子座	
22日	双子座→蟹座	11:42～13:51
23日	蟹座	
24日	蟹座→獅子座	7:06～18:20
25日	獅子座	
26日	獅子座→乙女座	1:15～19:38
27日	乙女座	
28日	乙女座→天秤座	12:59～19:04
29日	●天秤座	
30日	天秤座→蠍座	11:07～18:43

●新月 ○満月

2019/10月

	月の星座移動	ボイドタイム
1日	蠍座	
2日	蠍座→射手座	18:47～20:45
3日	射手座	
4日	射手座	16:35～
5日	射手座→山羊座	～2:44
6日	山羊座	
7日	山羊座→水瓶座	8:27～12:43
8日	水瓶座	
9日	魚座	3:28～
10日	水瓶座→魚座	～1:06
11日	魚座	18:56～
12日	魚座→牡羊座	～13:47
13日	牡羊座	
14日	○牡羊座	7:00～
15日	牡羊座→牡牛座	～1:25
16日	牡牛座	17:38～
17日	牡牛座→双子座	～11:31
18日	双子座	
19日	双子座→蟹座	11:15～19:44
20日	蟹座	
21日	蟹座	21:40～
22日	蟹座→獅子座	～1:30
23日	獅子座	18:15～
24日	獅子座→乙女座	～4:31
25日	乙女座	22:01～
26日	乙女座→天秤座	～5:21
27日	天秤座	17:23～
28日	天秤座→●蠍座	～5:30
29日	蠍座	
30日	蠍座→射手座	2:35～7:00
31日	射手座	23:31～

　ボイドタイムは、「どの日に起こるか」によって、その内容を読み分けることができます。以下に、12種類の日の「ボイドタイム」の特徴をご紹介しましょう。

「スタートの日」のボイドタイム

とても自由な時間帯です。

スケジュールにとらわれず、思いのままにすごしたいときです。

この時間に思いついたアイデアがあれば、とりあえずメモしておくといいかもしれません。ふだんの思い込みから自由になって、いろいろなことを思いつけます。

「いつもの自分とちょっと違うな」「自分らしくないな」という気持ちになるかもしれません。

また、自分でもびっくりするような行動に出ることになるかもしれません。

自分自身の「風船の糸が切れる」ような状態になるわけですが、その浮遊感を楽しむ気持ちを持つと、おもしろいことが起こるようです。

このボイドタイムが終わると同時に「お金の日」に入ります。

2

「お金の日」のボイドタイム

「衝動買い」の気配が濃厚です。
　たとえば、面接のためのリクルートスーツを買いに行ったのに、なぜか可愛い花柄のワンピースを買って帰ってきた、などのようなことが起こります。

　ですが、その後の何度目かの面接で「私服で来ること」と指定され、このワンピースを着て行ったところ、非常に印象がよくて採用されたという展開もじゅうぶん考えられます。

　この日の経済活動には、想定外の部分が多いでしょう。
　散財の気配もありますので、ふだんから無駄づかいのクセがあって困っているなど、経済的な問題を抱えている人は、すこし注意が必要かもしれません。

　また、落とし物にも気をつけたいところです（おそらく、戻ってくるはずですが！）。

　このボイドタイムが終わると同時に「メッセージの日」に入ります。

「メッセージの日」のボイドタイム

　たとえば宅配便の誤配とか、電話の混線、メッセージの宛先を間違えて送信する、などのシーンが思い浮かびます。
　コミュニケーションにおける想定外の出来事が起こりやすいタイミングなのです。

　また、電車を乗り間違えるなど「交通」にも、何か変則的なことが起こるかもしれません。
　このタイミングでの混線やルートの間違いでは、致命的なことはほとんど起こらないはずです。いつもと違ったコミュニケーションや道筋を通ることで、ふだんはわからないことがわかってくるかもしれません。

　この時間に「来るはずの連絡が来ない」「連絡がつかない」「返信がない」といったことが起こったら、ボイドタイムが終わるまで待ってみるのも一案です。
　きっと相手方で、「スマホをトイレに落とした」などのようなことが起こっているかもしれません！

　このボイドタイムが終わると同時に「家の日」に入ります。

「家の日」のボイドタイム

　たとえば、家のなかで失くし物をしたり、鍵を忘れて家に入れなくなったり、家族が待っているはずの場所にだれもいなかったりするかもしれません。
　これも、「なぜか不思議と重なったアクシデント」の結果である可能性が高いようです。

　風邪を引いて1日留守番することになり、ふだんは見ない昼間のテレビ番組を見ていたら、意外なおもしろいことを発見した、といったことも起こるかもしれません。

　いつもはしないような掃除を不意に、やりたくなるかもしれません。家具の裏側や窓の桟などを掃除していたら、失くしたアクセサリーが出てきた！　といったうれしいことも起こっておかしくありません。

　このボイドタイムが終わると同時に「愛の日」に入ります。

「愛の日」のボイドタイム

　いつもは心から楽しいと思えることが、なんとなくおもしろく感じられないかもしれません。
　恋愛に夢中だったはずなのに、すこしぽかんとしてしまう、ということもあるかもしれません。
　あるいは、恋人からの返信が来なくてイライラしたり、子どもとのコミュニケーションに行き違いが生じて苛立ったりするかもしれません。
　すべて、このボイドタイムが終われば、スッキリするはずです。

　あまり乗り気でないけれども強く誘われてしかたなく参加したゲームに夢中になる、といったことも起こるかもしれません。
　ちっともタイプではないと思っていた相手と、突然恋に落ちるかもしれません。
　ふだんならば理性や意志ではねのけてしまいそうな愛や楽しみが、この時間帯に、するりとあなたの心に入りこむ可能性があります。

　このボイドタイムが終わると同時に「メンテナンスの日」に入ります。

6

「メンテナンスの日」のボイドタイム

　体調がおかしかったり、気分が不安定になったりするかもしれません。ひと休みしたり、ずる休みしたりするのも「アリ」なのではないでしょうか。

　この時間は「任務を予定どおりに遂行する」「課題を完全に消化する」ようなことにこだわると、かえって危険かもしれません。ゆるみや余裕こそが大事だと実感できる場面もあるでしょう。

　ちょっと手を休めて、予定にないことをしなければならないのかもしれません。後輩や部下の面倒を見てあげることで、大事な発見があるかもしれません。
　小さなズレや誤解を、行動によって修正することができるときです。

　意外な方面から飛びこんできた雑用によって、何かしら「救われる」ことがあるかもしれません。

　このボイドタイムが終わると同時に「人に会う日」に入ります。

7

「人に会う日」のボイドタイム

　意外な人にばったり遭遇するかもしれません。
　待ち合わせの相手とは会えなかったけれど、想定外の人に偶然会える、といったことが起こりやすいときなのです。

　この時間は「未知との遭遇」という言葉がしっくりきます。
　私たちが「会いたい」と思えるのは、すでに知っているものに対してです。知らないものと出会うには偶然の魔法が必要なのですが、そうした魔法が作用しやすいタイミングです。

　人間関係に関して、この時間に抱いた不安や悩みは「無効」です。取り越し苦労なので、気にする必要はありません。

　たとえばだれかがいつになく不機嫌でも、きっと虫歯が痛んでいるとか、朝家族とケンカしてきたとか、便秘だとか、そんなことなのです。決してあなたに対して何か怒りを抱いているわけではないのです。

　このボイドタイムが終わると同時に「プレゼントの日」に入ります。

8
「プレゼントの日」のボイドタイム

　意外なものをもらうかもしれません。ちょっと迷惑なお土産などを受け取ることになるかもしれませんが、まあ、笑って許しておきましょう。

　一方「きっともらえるだろうな！」と期待していたプレゼントがなぜかもらえない、といったこともあるかもしれません。
　誕生日なのに、記念日なのに、なんにもしてくれない！ と怒りたくなるかもしれませんが、はっきり怒りを表明するのは、ボイドが終わるまで待ってからのほうがよさそうです。ちょっとタイミングがズレただけなのかもしれないからです。

　経済活動において、予定が狂う可能性もあります。
　あるはずの入金が遅れているとか、金額が間違っているとか、想定外のことが起こるかもしれません。
　落ち着いてリカバリすればいいだけなので、あせらず、苛立たず、が大事です。

　このボイドタイムが終わると同時に「旅の日」に入ります。

9

「旅の日」のボイドタイム

　旅程が混乱したり、目上の人が想定外のことを言ったりするかもしれません。

　先生の都合で授業が休講になる、というようなイメージの時間帯です。
　飛行機の出発時間が遅れたり、自分自身、スケジュール上の時間を間違って記憶していたり、ということがあるかもしれません。
　羽田と成田を間違える！ などということも起こるかもしれません。それはそれで、おもしろい経験と言えなくもありません。

　何かを調べていたら、おもしろそうな記事を見つけて、そこからどんどん脱線していき、最初に調べていたことがどうでもよくなってしまう、というようなことも起こりそうな時間です。

　知的に「夢中になる」ことができるなら、それが多少横道に逸れていっても、結果オーライであるはずです。

　このボイドタイムが終わると同時に「達成の日」に入ります。

10

「達成の日」のボイドタイム

　仕事や勉強に関して、予定どおりにならないことがあるかもしれません。
　約束の時間にクライアントが現れなかったり、期待したほどの結果が出なかったり、ちゃんと宿題をやったのにそのノートを忘れたり、といったことが起こるかもしれません。
　それでも、大きな問題には発展しないでしょう。むしろ、その場の対応力をほめられるような展開になっていくはずです。

　肩に力を入れて、気合いたっぷりにやったことはそれほどうまくいかなかったけれど、「オマケ」のようなつもりで気軽にやったことが大成功した、といったこともあるかもしれません。

　仕事や勉強に関しても、道草や寄り道が功を奏することはあるのです。

　このボイドタイムが終わると同時に「友だちの日」に入ります。

11

「友だちの日」のボイドタイム

　「みんなで集まろう！」と言ったのになぜか集合時間にだれも来なかったり、遊びのプランを立てても要望がバラバラで話がまとまらなかったりするかもしれません。

　足並みが揃わないのは、この時間には致し方のないことです。バラバラだからこそ、おもしろいものが生まれる可能性もあります。

　この時間は生産性や合理性にとらわれず、自由に振る舞うのがいちばんです。

　予定を決めずに旅に出るような気楽さが、あなたを新しい場所に連れて行ってくれます。

　このボイドタイムが終わると同時に「ひみつの日」に入ります。

12

「ひみつの日」のボイドタイム

　何も決めないですごすひとりの休日のような時間です。

　自分の心がどっちに向かっていくか、自分の足がどこに向かうのか、それに「乗っかって」いくような気持ちになれます。

　もし、この時間に「ひとりぼっちで取り残される」ような気がしたとしても、大丈夫です。ボイドが終わればまた、人の輪のなかに戻れるはずなのです。

　いまは「ひとりだからこそ、何も決めないでいられる」といったのびのびした時間を楽しみたいときです。

　意外な人から助力を要請されたり、逆に、助けられたりするかもしれません。不思議な「救い」が得られるときでもあります。

　このボイドタイムが終わると同時に「スタートの日」に入ります。

ボイドタイムは
「大事なことを避けるべき時間」なのか

「仕事の面接がボイドタイム中なのですが、変えてもらったほうがいいでしょうか？」
「手術の日が1日ボイドなのですが、大丈夫でしょうか？」

　などのご質問をいただくことがあります。
　もしどうしても気になるようなら、そして、関係者の都合がつくようなら、変えてもらうのもいいかもしれません。

　ですが私なら、そのままにしておくと思います。

　物事の流れを星の位置からコントロールしようとするのは、どうも、納得がいかないからです。

　たとえば、ボイドタイムの面接で落とされたならば、その会社にはそもそも、受からないほうがよかったのかもしれません。あるいは、そこで採用されたならば、何かボイド的な「想定外の条件」が作用して、採用となったのかもしれません。

　手術に関しても、ボイドは「その時間の心配ごとは無効」なのですから、かえってうまくいくということなのかもしれません。

おそらく、ボイドタイムもまた、何かしら意味のある大事な時間なのだと思うのです。
　ただ、私たちの目から見ると、その「意味」が解釈しにくい、ということなのではないでしょうか。世の中には、私たちにはわからないこともたくさんあります。わからなくても大事なこと、というのもまた、たくさんあるのです。

　わかりにくいものは切り捨てよう、という考え方が、昨今はとても強くなっているように思います。でも、わかりにくいものでも、必要なものはたくさんあるはずです。

　たとえば、一昔前までは盲腸が何の機能を持っているかあまりよくわかっていなかったので、盲腸炎になるとかんたんに盲腸をとってしまっていました。でも、いまは盲腸がいろいろな機能を持っていることがわかってきています。
　ボイドタイムもまた、かつての盲腸への認識のようなものなのかもしれません。その時間があることに、何かしら、私たちには計り知ることのできない意味があるかもしれないのです。

　ボイドタイムは予期せぬことが起こるとされますが、こんな話があります。
　ある人が車を買おうとして、中古車ばかりを探していたけれど、なかなか気に入った車が見つかりませんでした。そんなあるとき、ふと「ためしに、新車も見てみようかな？」という気持ちになり、

あくまで興味本位で新車のディーラーに出かけたところ、思いがけなく予算に見合う、心から気に入った車が見つかって、そのまま新車を買うことになった、というのです。あとで調べてみたら、この「ふと新車も見てみたいという気持ちになった時間」は、月のボイドタイムだったというのでした（！）。

　たぶん、私たちは「自分の思い込み」から、無理にでも引き離される時間を必要としているものではないでしょうか。

　月のボイドタイムは、私たちが「物事はこうあるべきだ」「こうあらねばならぬ」と観念的に思い込んでいる世界の「外側」にある時間なのかもしれません。

　ボイドタイムに衝動買いした物は、むしろかなり使い込むことになる、などという話も耳にします。
　「予定外」を必要以上に怖れず、場合によっては「偶然」の提案にも乗ってみようという勇気を持つとき、月のボイドは私たちに、いつもおもしろいことを教えてくれるのではないかと思います。

水星の逆行

　星占いで読める特徴的な「時間」のひとつに、「星の逆行」があります。そのもっともポピュラーなものが「水星の逆行」です。
　「いまは水星が逆行しているからね」というフレーズを、最近は一般的な雑談のなかでも、ちらほら耳にするようになりました。
　星の情報を記載した手帳などにはたいてい、この期間が書かれています。1カ月弱ほどで、年に三度ほどやってきます。

　水星が逆行する期間は、こんなことが起こると言われます。

- 物事が遅延する
- 交通機関が混乱する
- コミュニケーションが混乱する
- 誤解や根も葉もない噂がはびこる
- ミスが多くなる
- 予定どおりに物事が運ばなくなる

こう書くと、大変迷惑な現象のようです。実際、水星逆行を非常に嫌う人もいます。でも、実はちょっと事情が違うのです。

　水星逆行期は、たしかに物事が予定どおりに運ばないかもしれません。でもそれは、「人間の計画どおりにいかない」というだけのことです。人間の計画がかき乱されるということではなく、人間の知恵では知り得ないような世界に「ヘルメス神（水星）が導いてくれる時期」という解釈が成り立つのです。

　幾多のおとぎ話のなかで「神様」や聖なるものたちはときどき、人間に変なことを語りかけます。
　たとえば、鉄の斧を落としたのに「お前が落としたのは金の斧か、銀の斧か？」などと聞いてきます。
　あるいは、『シンデレラ』の魔法使いは、ねずみやカボチャなど、意味のわからないものをシンデレラに持ってこさせます。

　水星逆行時は、ちょうどそんな「人間には意味のわからない指令」が発せられている時期、と考えることができます。

　人間には絶対に思いつかないような不思議な「計画」を、そこに透かし見ることもできるのです。

　旅に出たとき、「最初はこの博物館に行き、次はこのお寺にお参りをして、この絶景スポットに向かって、最後にこのお店で名物を

食べよう！」とこまかく計画していたとします。

　でも、実際にそこに行ってみると、博物館は閉まっていて、お寺は工事中で、絶景スポットに着くころには大雨でちっとも楽しくない、といったことも起こります。

　ただ、そうしたときでも、「予定どおりにいかなかったからこそ、出会えるもの・人」というのがかならず、そこにあります。

　休館中の博物館のまわりをブラブラしていたら、遊覧船の乗り場を見つけて、ちょうど出港時間だったので飛び乗ることになります。船のなかで出会った人に写真を撮ってもらったりするうち、仲よくなってそのあと、隠れた名店に連れて行ってもらえた、などということも起こるかもしれません（こうした展開では、もちろん、騙される危険もありますから、じゅうぶん以上に注意が必要ですが！）。

　人間の「予定」は、人間が想定できる範囲内でしか生まれません。その点、水星逆行期は、**「人間の予定を超えたことが起こる時間」**なのかもしれません。

　水星逆行期に起こるとされることには、こんなものもあります。

- この時期に失くしたものは、あとで戻ってくる
- ずっと会わなかった人たちと再会できる

・不思議なかたちで「過去」に戻れる

　どれも、まるで時間をさかのぼっているような、不思議な出来事です。星の逆行時には、「過去にさかのぼるようなことが起こる」とされます。思い出話で盛り上がったり、記憶がよみがえったりすることもあるでしょう。

　水星逆行期を、仮に「ヘルメスの不思議な旅の時期」ととらえるなら、水星逆行期が新しい輝きを帯びてくると思います。
　私は実際、そんなつもりで楽しんでいます。

3
物事が
いつもどおりに
いかない日

4

もうすこしだけ、
くわしく知りたい人のために

なぜ「月」を使うのか

　ここからは、第0章で書きました「読むだけでいい」がちょっと当てはまらないかもしれません。というのも、もうすこしくわしい「毎日の占い」をするにはどうしたらいいか、を解説するからです。

　毎日の生活は日々、よく似ていますが、「完全に同じ日」というのはひとつもありません。私たちの人生を作る「その日だけ」のことが読めるとすれば、どうやって読めばいいのでしょうか。
　その方法を、ごくかんたんにですが、ご紹介したいと思います。

　本書の記事は、ほぼすべて「月」だけを使った星占いについて書きました。

　なぜ「月」がそれほど重要なのでしょうか。

　月には、昔からいろいろな意味が与えられています。

　母なるもの、変化、身体、クセ、幼いころの記憶、感情、処女性、物事の成長と減衰、日常生活、俗なるもの etc.

　こうした「月の象意」は、第1章の「毎日の占い」をする上での

月の役割とは少し離れている感じもあります。
　私は日々の占いをする上では、このような「月の象意」はそれほど意識していません。むしろ、単なる時計の針のように使用しています。

　実は、星占いの世界では、月は昔から「光を運ぶもの」と考えられてきました。
　地球から見た空において、もっとも明るい天体は太陽と月ですが、この月は日々、形も位置もどんどん変わっていきます。
　足の速さと、その姿の変容から、「光を運ぶもの」という役割が与えられたのかもしれません。

　光を運ぶ、その「光」とはなんでしょうか。

　それは、星占いで用いるほかの星々のことです。
　具体的には、太陽、それから太陽系の惑星たちです。
　冥王星やカイロンといった、惑星以外の星もここに含まれることがあります。星々の光を受け止め、ほかの星につなげていくような役割を、月が担うことがあるのです。

　光を運ぶ月は、日々の占いをする上で、いわば「扇の要」「まとめ役」のような存在感を持っています。

「ハウス」という時計の文字盤

　本書では星占いの専門用語はできるだけ使わないつもりで書いてきたのですが、この章ではすこしくわしく説明しようと思いましたので、ひとつだけ使わせてください。

　それは「ハウス」です。

　ここまで読んできたみなさんはすでに「ハウス」の考え方を習得されています。
　というのも、第1章のはじまりのところで1から12まで書き込んでいただいた数字、あれが「ハウス」の数字なのです。星占いの「ハウス」とは、地球上から見上げた空を12のエリアに区分けしたマンションのようなものです。

　たとえば、第1章で「スタートの日」と解説したのは、くわしく言えば**「第1ハウスに月がある日」**ということなのです。
　ハウスにはそれぞれ、意味があります。
　そこを太陽系の星々、太陽と惑星たちがめぐっていくことで、星占いの解釈が生まれるのです。

4
もうすこしだけ、
くわしく知りたい
人のために

下に、あなたの「ハウス」を書き込んでみましょう。

1) 円のなかから、自分の星座を見つけてください。
2) 自分の星座の内側の欄に「1」と書き入れてください。
3) そこから「逆時計まわり」に、12までの数字を書き込んでください。

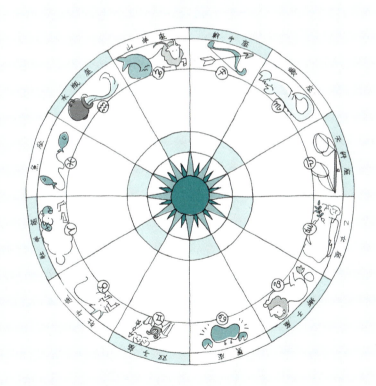

これで、ハウスのできあがりです！

たとえば、射手座の人のハウスはこのようになります。

乙女座の人なら、こうなります。

ハウスにはすべて、意味があります。
そこを、それぞれキャラクターを持った星がめぐることで、「占い」ができるのです。

ハウスの意味を以下に、キーワードでご紹介しましょう。
これらのキーワードは、「このハウスに星が入ると、これらのテーマについて、何かしら変化や動きがある」と読みます。

「何かしら、って、どんな変化？」というのは「どの星が入ったか」である程度読めます。星の意味は、ハウスのキーワードのあとにご紹介します。

＊ ＊ ＊ ＊ ＊

第1ハウス：「自分」のハウス
関係するテーマ：自分自身、セルフイメージ、アイデンティティ、容姿、身体、健康、主役となること、物事の起点、何かをはじめること、生命、発端

第2ハウス：「生産」のハウス
関係するテーマ：経済活動、収入、獲得、欲望、所有、自信、食べること、自分の手でできること

第3ハウス：「コミュニケーション」のハウス

関係するテーマ：コミュニケーション、基礎的な学習、教育、兄弟姉妹、幼なじみ、近所、近い親戚、短い旅、取引（ビジネス）、言葉

第4ハウス：「家」のハウス

関係するテーマ：居場所、家族、身近な人々、親、環境、ルーツ、守るべきもの、帰るべき場所、もっともプライベートな世界、本心、物事の最終的な結果、大地、足元

第5ハウス：「愛」のハウス

関係するテーマ：愛、楽しみ、遊び、趣味、クリエイティブな活動、子ども、自分から自分自身の喜びのために進んでやりたいと思えること

第6ハウス：「任務」のハウス

関係するテーマ：義務、責任、健康、就労条件、ルーティンワーク、生活習慣、訓練

第7ハウス：「他者」のハウス

関係するテーマ：他者との一対一の関わり、パートナーシップ、交渉、

契約、結婚、人間関係全般、ライバル、調整

第8ハウス:「ギフト」のハウス
関係するテーマ:他者の財、パートナーの経済活動、経済的な人間関係、ギフト、贈与、融合、性、隠されたもの、継承

第9ハウス:「旅」のハウス
関係するテーマ:遠い場所、冒険、旅、専門分野、哲学、宗教、思想、出版、マスコミュニケーション、親戚縁者

第10ハウス:「目標と結果」のハウス
関係するテーマ:社会的立場、キャリア、天職、仕事、肩書き、目標、成果、達成

第11ハウス:「夢と友」のハウス
関係するテーマ:未来、希望、計画、仲間、夢、ネットワーク、個人としての社会参加、喜び

第12ハウス：「秘密」のハウス
関係するテーマ：過去、隠されたもの、秘密、コンプレックス、ひとりの時間、ひとりですごせる場所、だれかを救うこと、犠牲、救済

＊　＊　＊　＊　＊

以上が、12のハウスの担当分野です。

第1章でご紹介した「12種類の日」は、それぞれのハウスに月が入っている時間のことです。つまり、こんな対応になります。

	ハウスの名前		このハウスに月がある日は
第1ハウス	「自分」のハウス	→	スタートの日
第2ハウス	「生産」のハウス	→	お金の日
第3ハウス	「コミュニケーション」のハウス	→	メッセージの日
第4ハウス	「家」のハウス	→	家の日
第5ハウス	「愛」のハウス	→	愛の日
第6ハウス	「任務」のハウス	→	メンテナンスの日
第7ハウス	「他者」のハウス	→	人に会う日
第8ハウス	「ギフト」のハウス	→	プレゼントの日
第9ハウス	「旅」のハウス	→	旅の日
第10ハウス	「目標と結果」のハウス	→	達成の日
第11ハウス	「夢と友」のハウス	→	友だちの日
第12ハウス	「秘密」のハウス	→	ひみつの日

※この「ハウスの名前」や月がある日の名前は、伝統的な星占いのルールをもとに、筆者が考えたものです。

10星の、具体的な読み方のヒント

　この「ハウス」の上に星を書き入れると、「ホロスコープ」ができあがります。
　この図は、2019年1月28日のホロスコープです。

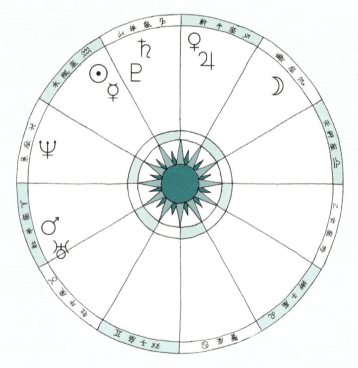

書き込まれているのは、10個の星です。これらの星にそれぞれ、キャラクターがあります。さらに、移動していく速さがそれぞれ違っています。

　ハウスの意味と星のキャラクターを組み合わせて読み取れば、「今日の占い」ができあがります。
　以下に、それぞれの星の特徴をごくかんたんにご紹介します。もっとくわしいことを知りたい方は、巻末の参考図書をどうぞ。

太陽：1年のサイクルを刻む星。王様の星

　太陽は10星のなかの主役であり、王様のような星です。
　1年のサイクルを司り、毎年、同じ日にほぼ同じ位置にあります。
　「誕生日」で「自分の星座」が決まるのは、実は太陽のおかげです。
　「私は双子座です」というのは、くわしくは「私が生まれたとき、太陽は空の双子座にありました」という意味なのです。

　太陽は意志や主体性、意識、父性などを意味します。行動、強さ、判断なども太陽のテーマです。

　太陽は1年で12ハウスをひとめぐりします。
　太陽が第1ハウスに来ると、お誕生月がやってきます。
　「毎年この時期に風邪引くんだよな……」「毎年この時期は元気に

なれるんだよね」など、1年のなかでの定期的なサイクルを感じている人は、この太陽の動きでそのサイクルを説明することができます。

水星：コミュニケーションとビジネスの星

　この星は、忙しさと、コミュニケーションを司ります。勉強、言葉、ビジネスも水星の管轄です。
　この星があるハウスのテーマが、その時期いちばん「あわただしいところ」です。また、そのハウスのテーマについて「話し合う・発信する」ことになるかもしれません。

　たとえば、第5ハウスに水星があれば「恋の話をする」「ラブレターを書く」などと読めます。さらには「子どもといっしょに勉強する」とも読めます。子どもは第5ハウス、水星は勉強の星だからです。

金星：楽しいこと、恋愛、子どもの星。魅力の星

　金星が来ると、そのハウスのテーマがキラキラ輝きます。第1ハウス、第5ハウス、第7ハウスなどに金星が来たら「愛の追い風が吹く！」と読めます。

　第1ハウスは「自分自身」で、自分のところに愛の星が来たら、

自分が愛でキラキラ輝く感じがするでしょう。
　第5ハウスはそもそも愛の場所なので、愛の星×愛のハウスで、愛がバクハツ的に盛り上がりそうです。

　第7ハウスは「一対一で関わる人、パートナー」の場所ですから、ここが愛で満たされれば「結婚」のイメージが浮かぶわけです。
　ほかのハウスでも、そこに金星があれば「そのあたりを探せばうれしいことや愛が見つかるかも」と読めます。第3ハウスに金星があれば、勉強が楽しくなりそうです。第10ハウスに金星が来れば、キラキラしたうれしいチャンスがめぐってきそうです！

火星：勝負の星、挑戦の星、情熱の星

　火星が入ったハウスのテーマは、文字どおり「火が入った」ようになります。熱を帯び、スリリングになり、情熱がわいてきます。
　火星はひとつのハウスに1カ月半ほど滞在しますが、2年に一度ほど半年くらいの長期滞在をすることがあります。このとき、火星はふだんよりも大きく見えます。よって、この時期は「そのハウスのテーマがいつにも増してアツくなる」と読めるのです。

　たとえば、第10ハウスに火星がめぐってきたら「仕事や勉強に関して、挑戦したくなるとき・勝負に出るとき」となります。第7ハウスに火星が入れば「だれかと対決モードになるかも」「情熱的な人に出会って、刺激をもらえるかも」といった読み方ができます。

木星：幸運の星。
「今年はどんな年になりそうですか？」の答えをくれる星

　木星はひとつのハウスに1年ほど滞在し、約12年で12ハウスを一周します。
　ゆえに、毎年年末になると聞かれる「来年はどんな年ですか？」という問いに、シンプルに答えるのに役立ちます。
　「来年」はズバリ、木星がいるハウスで読めるのです。

　ただ、木星はかならず年末年始でハウスを移動してくれるわけではありません。そういうときは、木星の移動時期に沿って「このあたりで1年くらいの長さの流れが変わります」と説明します。
　たとえば、年明けに第10ハウスにいた木星が、夏に第11ハウスに移動するなら、「1年スパンの流れが夏ごろで切り替わります。夏までは大活躍の年で、夏からは仲間と夢を描く年がはじまります」と読むことになります。

　木星は古くから「幸運の星」とされており、いちばんの吉星です。ゆえに、木星が第1ハウスにめぐってくる時期を「幸運期」とする占い手はたくさんいます。
　私はこれをすこしもじって「耕耘期」と呼んでいます。

　スタートのハウスである第1ハウスに木星が来る年は、そのときだけがラッキーなのではなく、そこから向こう12年間の幸福を育

ていく、スタートラインだと思うからです。

　12年をかけて育てていける幸福の種がまかれる時期は、一見して「更地」のように見えることもあるわけです。

土星：「2年半ほどの、がんばるテーマ」を教えてくれる星

　「土星先生」と呼ぶこともあるのですが、私は土星に「ちょっと厳しいけれども頼りになる先生」というイメージを抱いています。
　突きはなし気味で、難しい課題を投げかけてくるけれど、時間をかけてじっくり見守ってくれる存在が「土星」なのです。

　土星がいるハウスのテーマは、その時期「面倒なこと」「懐疑的にならざるを得ないこと」「苦手意識が芽生えること」となっているかもしれません。
　たとえば、第7ハウスに土星が位置しているときは、人に会うのがちょっと怖くなったり、人といっしょにいるときの緊張感が強くなったりするかもしれません。「あまり人に会わないようにする一方で、非常に重要な人物と会うことになる」といったことも起こる時期です。人に対する抵抗感や距離感からスタートし、2年半ほどの努力のなかで「人を見る目」が変わったり、マナーや礼儀が培われたり、本物の信頼関係を結ぶやり方を学んだり、といったことが叶うのです。

　第2ハウスに土星がいる時期は経済面で悲観的な気持ちになり、

その結果、節約したり、コツコツ貯金したりして、2年半ほどで経済活動の土台を築くことができる、といったことが起こります。あるいは、不動産など大きな財を、時間をかけて手に入れることになる場合もあります。

第10ハウスに土星がいる時期に社会的立場が確固たるものとなるかもしれません。第4ハウスに土星がいる時期、家族に対する責任が重みを増し、「大黒柱」としての生き方を引き受けることになるかもしれません。

日々の占いのなかでは、月が土星に重なったり、ある特別な位置関係になったりするとき、その時期の「土星のテーマ」を意識に上らせ、すこし前進させることになります。

天王星：約7年の「時代」を示す星。
　　　改革・革新・自由・自立の星

約85年ほどをかけて12ハウスを一周する星です。突発的な変化や改革、時代の最先端をゆく技術などを司ります。この星がハウスからハウスへと居場所を変えるときは、約7年ほど続いた時代が切り替わる節目がやってきます。

近いところでは2011年3月11日、東日本大震災で人々の意識は大きく変わりました。さらに2019年3月6日にも天王星の移動が起こりますが、この直後、日本では元号が変わるタイミングと

なっています。「時代の節目」のイメージにぴったりです。

海王星：無意識、イマジネーション、幻想の星。
**　　　　かたちのないものを扱う星**

「幻想の星」です。霧、海、アルコール、香り、音楽などもこの星の管轄とされています。この星がからむと「原因不明の出来事」が起こる、などという読み方をする人もいます。
約165年ほどをかけて12ハウスを一周します。
ひとつの星座に非常に長く滞在することもあって、その意味合いを体感するのはなかなか難しい星です。

海王星のもうひとつの象意に「精神」があります。
時代精神、などという言葉がありますが、私たちがリアルタイムでは決して意識することのできないなんらかの希(ねが)いを、この星が象徴している、という考え方もあります。

毎日の占いで私が「精神」「人の心の奥深く」「魂」などの言い方をするときは、この星に月が重なったりしています。

冥王星：「地中に隠された黄金」の星。破壊と再生、膨大な富の星

「破壊と再生」の星として知られる冥王星ですが、これも海王星同様、体感しづらい星と言えます。

たとえば、大ヒット映画『ロード・オブ・ザ・リング』のあの「指輪」のようなイメージの星です。その大きすぎる力を多くの人がほしがりますが、手に入れた者はその強大な力を使いこなせず、逆に焼き尽くされてしまうのです。

　この星は人の欲望や生命力などを象徴しています。
　私の占いで「野心」「心の奥に眠る欲」「自分では認めたくないような願い」などの表現が出てくるときは、たいてい、冥王星のことを語っています。

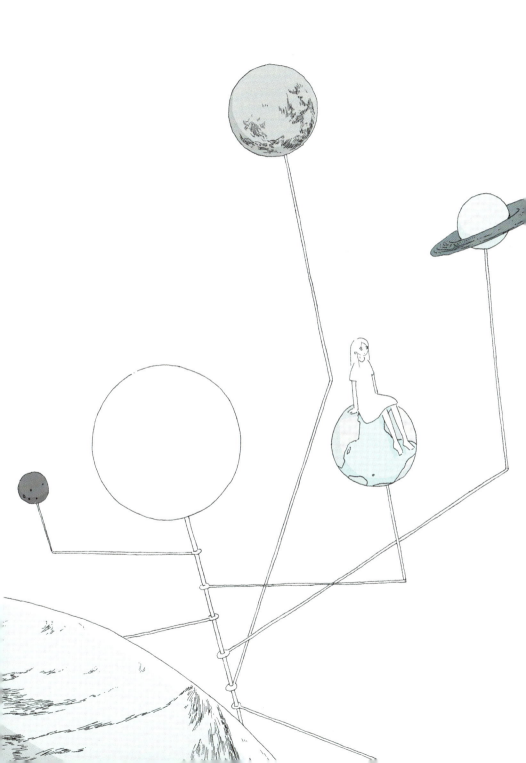

「今日の占い」の作り方

　私が毎日書いている「今日の占い」では、月だけで占っているわけではありません。前述のとおり、太陽や惑星をすべて眺めた上で、私なりにポイントとなる部分を読み解いて文章にしています。

　ここでは、その具体例をひとつ、ご紹介したいと思います。

＊　＊　＊　＊　＊

2019/1/28 のホロスコープ
月は蠍座で、土星・海王星の小三角へ。
夢が夢だけの夢でなく、現実が現実だけの現実でない、というような、その接合。
夢は現実を苗床とするし、現実もまた夢の中から生まれる。

牡羊座は一致も相違も両方あるから楽しい、みたいな日。
牡牛座は力を合わせて餅つきをしているような日。
双子座は誰かの孫の手になってあげられるような日。
蟹座は一見そうは見えないけどよく見ればこってり愛の日。

獅子座は個人的な思いがものすごく大きな意味を持つかも。
乙女座は弾む気持ちと堅牢な技術が人の心を動かす、みたいな日。
天秤座は一手間、一工夫が思いがけない副産物的効果を生むかも。
蠍座はらしくないようで、実はちゃんとらしさが出ている日。
射手座は結論を出す前の時間が実は一番おもしろい、みたいな日。
山羊座は地面に木ぎれで絵を描いてヴィジョンを共有する、みたいな日。
水瓶座はイメージを現実化する労を惜しまない、みたいな日。
魚座は分かりやすく説明しようとしてふと新しい案が浮かぶ、みたいな日。

* * * * *

　この12星座分、すべてを解説するのは長くなりすぎてしまいますので、いくつかピックアップしてみましょう。

　牡牛座「力を合わせて餅つきをしているような日」。

　これはまず、月の位置を見ています。

月は「人に会う日」の位置にあります。牡牛座にとってこの日は「人に会う日」なのです。「力を合わせて」のあたりに、それが出ています。昔ながらの「餅つき」は、餅をこねる人と杵をつく人が呼吸を合わせて、一対一でおこなわれます。「人に会う日」の、一対一の人間関係のイメージが、「餅つき」に表されています。
　さらに、餅つきをするふたりは「餅をつく」という目標を共有していなければなりません。**第10ハウスに太陽と水星が重なろうとしていて、そのことを示しています。**
　この日、牡牛座の人々は人に会うのですが、そこで意識にのぼるのは第10ハウスの「目標」なのです。
　さらに、第8ハウスの金星と木星は、物質的なテーマ、経済活動を示しています。餅は経済的に価値のあるもののたとえです。

　では、こちらはどうでしょうか。

山羊座は地面に木ぎれで絵を描いてヴィジョンを共有する、みたいな日。

　山羊座の人にとって、この日は**「友だちの日」**です。「友だちの日」は、未来の計画や夢などにも関係があります。
　では「木ぎれで絵を描いて」はどうなるでしょうか。
　山羊座から見て第2ハウスに当たるところに、太陽と水星が位置しています。第2ハウスは「手」で、太陽は意思、水星はコミュニケーションの星と言えます。

火星は「大地」の第4ハウス。手で棒を持って地面に絵を描いているようなイメージは、これらの要素から浮かんだのです。

「ほかにもたくさん星があるのに、どうして火星や金星などを選んでいるのかな？」という疑問を感じた人もいるかもしれません。

これは「アスペクト」や「ルーラーシップ」などという技術を使っているのですが、これらは本書の範囲ではありませんので、ご興味のある方は巻末の参考図書を当たってみてください。

変化が起こりそうな日、流れが変わりそうな日

私たちが占いをしたいと思うときはたいてい、何か悩みや迷いがあるときです。

特に、強い不安や苦しみを抱えたとき、私たちは占いをしたくなります。それは、「いまの状況が変わること」を望んでいるからだと思います。

だれにでも、「いつごろこの状況が変わるのだろう？」という希望とも期待ともつかない思いを、占いにぶつけたくなるときがあるものではないでしょうか。

星占いで「状況が変わりそうなタイミング」を見るのは、けっこ

うかんたんです。どのように変わるか、何が起こるかは別として、以下のような条件のときがその「変わるタイミング・節目」の有力候補です。

もし、あなたがいま「この辛い状況が変わるのはいつごろだろう？」と思っているなら、巻末の運行表冊子や拙著『星ダイアリー』などを参照の上、以下のタイミングを探してみてください。

・新月、満月（または日食、月食）の日

毎月めぐってくる「節目」です。物事の流れが変わる境目です。満月はゴールや到達点、新月は「リセット」「はじまりと終わり」を示します。
　日食と月食はたいていふたつ1セットで、半年に一度ほど起こる、「特別な新月と満月」です。ロングスパンの流れが変わるのは、このあたりです。

たとえば、マーケットのトレンドが満月や新月を節目に変化しやすい、という説もあります。世の中の動きも、けっこう新月や満月に連動するように思えるときもあるのです。

・星がハウスからハウスへ（星座から星座へ）移動する日

太陽、月、水星から海王星までの惑星、冥王星などが星座から星

座へ、つまりハウスからハウスへと移動する日の前後は、個人の生活においても、世の中でも、はっきりした変化を象徴する出来事が起こりやすいようです。

・星の逆行と順行の転換点

　地球から見ると、惑星が軌道を逆走するように見えることがあります。特に水星は年に三度ほど逆行します。

　金星や火星は２年に一度ほど逆行し、木星から外側の星は太陽の対岸にくると逆行状態になります。
　この、逆行から順行へ、順行から逆行へと向きが変わる日が、物事の変わり目・節目となりやすいようです。
　特に逆行が終了する日の前後は、物事が正常化していくような安堵を感じる人が少なくありません。

5

「星占い」の使い方

日記をつけるということ

　年齢を重ねるほどに、私たちは恐ろしいほどに物事を忘れていきます。

　「日記を書いておく」ということは、そのように流れ去って消えてしまう生活のナカミを「捕まえておく」のに、とても役立ちます。

日記を書いておいて、あとで読み返すと、自分がどれほどたくさんの困難や不安、苦悩を乗り越えてきたかがわかります。

　数年前、死ぬほど悩んでいたことを、いまではほとんど忘れかけていたりするのです。

　こうした記憶の反芻は、いま現在の苦悩を乗り越える力に変わります。
　過去の苦悩が消え去ったように、いま直面している苦しみもまた、いつかは消え去るだろうと思えるからです。

　さらに、日記にはもうひとつの効能があります。
　たとえば「スタートの日」や「メンテナンスの日」がめぐってくるとき、自分には具体的にどんなことが起こったのか、ということを確認できるのです。

星占いで、ある星の動きが起こったとき「自分に何が起こりそうか」ということは、過去の履歴をたどるのがもっとも手っ取り早いのです。

このハウスに火星が入ったときはどんなことがあったのか、水星逆行時は何があったのか、過去をさかのぼって日記を読み返すと、だんだん「自分と星の時間のパターン」が見えてきます。

もちろん、同じ星の配置ならまったく同じことが起こる、というわけではありません。同じ配置なのにまったく別々のことが起こる、ということもあるでしょう。

でも、ひとまず「予測する」上でもっとも大きなヒントになるのは、過去に実際に起こったことであるはずなのです。

毎日の日記をつけるのが難しくても、月に一度とか、気が向いたときにグチを書いておくような習慣をつけると、あとでとても役に立ちます。

また、毎年年末に、１年に起こった目立つ出来事をメモしておくのも一案です。
引っ越しや結婚、出産、恋人ができたとか転職したとか、大きな仕事をしたとか、ちょっと変わったことが起こったとか、大きな買

い物をしたとか、そんなことを箇条書きにしておくのです。

　こうしておけば「前回、木星が第１ハウスに来たとき、どうだったかな？」などという検証ができるのです。
　自分の人生の年表を作って、毎年更新しておくことは、とてもオススメです。

　たとえば、私は過去に、第７ハウスに火星が入ったとき、非常に厳しい交渉に臨んだことがあります。トラブルの解決のための交渉だったのですが、なかなかおたがいの要望と条件が折りあわず、何度も「対決」を重ねることになりました。
　率直に主張を重ね、相手の意向もすこしずつ受け入れていった結果、最終的におたがいにもっとも望ましい結論にたどり着くことができました。

　この「対決」を重ねていた時期に、私はリアルタイムで「第７ハウスの火星」を意識していたわけではありませんでした。

　２年ほどがすぎたころ、「前回、第７ハウスに火星が来た時期は、どんなことがあったんだっけ？」と思って、日記をたどってみたのです。そこには、他者との対決の様子がありありと描かれていました。

　「一対一の人間関係」を司る第７ハウスに、闘いの星である火星

が入った時間にそのようなことが起こった、という経験は、私にとってとても大切なものです。

この交渉は、私が意図的に引き起こしたことではありませんでした。いわば「自然に起こった」ものだったのですが、私は決して妥協することなく闘おう、と決めていました。
この決意もまた、自然にわき起こった思いでした。

この経験をとおして、「星を生きる」ということがどういうことなのか、すこしわかった気がしたのです。

起こった出来事に対し、自分なりにひたむきに向き合うこと。

何かを意図的に操作しようとするのではなく、自分のなかに生まれた思いを行動に結びつけること。

先が見えなくても、正しいと思える道を選ぶこと。

どれも勇気が要ることで、あらゆる局面で私は、自分がいかにちっぽけな存在かということを思い知らされました。
それでも諦めず、自分の間口も狭めずに対決することで、おたがいにわかり合える着地点を作れることも学びました。

火星とは決して、単なる「トラブルの星」ではないのだ、と思い

ました。なぜならこの交渉は、「ケンカ別れ」にならなかったからです。
　衝突自体も、自分のなかに生まれた怒りも、情熱も、自分の怒りを抑える闘いも、すべて火星のテーマだったのだ、と思いました。

　もちろん「火星が第7ハウスに入るとかならず激しい衝突が起こる」というわけではありません。
　ただ、「意志を持って向き合う」ような場面は、ささやかにでもめぐってくる傾向はあるように思います。

　過去の記録は、未来の星を読む上で、得難いヒントをくれます。もちろん、過去をさかのぼれないようなロングスパンを刻む星もあります。
　「過去の土星」を参考にできるのは、少なくとも30歳をすぎてからですし、それとて、子どものころの出来事などはあまり参考にはなりません。

　そのあたりを差し引いても「星の時計の記録」は、とても大事なあなただけの「星のマニュアル」になるはずです。

「だれのせいでもない」世界

「今日はどんなすごし方をしたらいいでしょうか」
「開運のアドバイスをお願いします！」
「どんなことに気をつけたらいいか、教えてください」

　占いの場では、こうした質問はとてもポピュラーです。一般的な占いは、こうした質問に対し、ストレートに答えてくれます。

　「今日は言葉づかいに気をつけて」「ファッションにピンク色を取り入れると吉」「友だちに電話をしてみては？」等々、具体的な行動を提案し、それによって生活のなかの何ごとかを「良くする」ことを促してくれます。

　その点私は、「こうするといいでしょう」「これに気をつけて」というアドバイスを、ほとんどしません。
　理由はいくつかあるのですが、そのいちばん大きな理由は、

「星占いのなかに描かれている世界は、『だれのせいか』を問うていない」

　と思えるからです。

私たちの生きる現代社会では、常に「だれの責任か」が問われます。まったくの被害者でしかない人でも「油断があった」「そもそもそんな場所に行くべきではなかった」など、何かしら責任を押しつけられてしまいます。

　だれもが生活のなかで、失敗したり、災難に遭ったりするわけですが、私たちはそのいちいちを思い起こして「どうすればよかったのだろう」「自分が悪かったのかな」などと考え込みます。

　過去のなかに「犯人捜し」をしてしまうクセがある人は少なくありません。

　もちろん、「この世の中ではだれも、一切の責任を負う必要がない」というわけにはいかないかもしれません。
　ですが少なくとも、星占いの世界では、それを問う必要はないと思っているのです。

　たとえば、季節が移り変わるとき、私たちはそれを「自分のせいだ」とは思いません。
　だれのせいか、と責任を問い回ったりしません。
　星の動きもまた、そういうものだと思います。
　星の時間は季節のように、私たちを包み込んでいます。

　さらに、星の時間は、季節とは違って、私たちの「内側」にも流

れています。

　私たちは自分自身の人生において、星の時間を生きています。それはだれのせいでもなく、ただ「そのようにある」だけなのです。
　そこではもう、何かに気をつけたり、何かを変えたりする必要はありません。

　むしろ「だれのせいか」という観点をはずして、まったく自由に物事を見つめたほうが、案外、よい対策が思い浮かびやすいかもしれません。
　私たちは犯人を見つけると、犯人を責めただけでスッキリしてしまうからです。

自分のせいでも、人のせいでもない。

　そう思ってみると、世の中の風景がすこしだけ、変わってくるのです。

　だれのせいでもないから、アドバイスもありません。
　ただ、私たちは日々起こっていることや、その焦点を「とらえ直す」必要があります。

　この出来事には、どんな意味があったのかな？　と考え、自分なりにその答えを出さなければならないときがあります。

そのための手掛かりやたたき台として、星占いがすこしだけ、役に立つことがあるのです。

　私の占いが「こうしましょう」というアドバイスを含まないのは、そういうわけです。

おわりに

　このところ、インタビューなどで「毎日の占い、よく続きますね！」「継続のコツはなんですか？」と聞かれます。無料で配信しているので、「仕事でもないことを、なぜ毎日休まずできるのだろう？」と思われる方が多いのだなと思います。

　たしかに、ああいう配信は直接的にお金がもらえるようなものではないのですが、私にとっては立派な「仕事」です。毎日の配信を通じて、私の占いを知っていただき、いつか有料の配信に登録していただいたり、本を出したときには告知させていただいたり、ということにつながるからです。なので、無料なりに一生懸命、任務としてがんばっています。

　ただ、「それだけ」かと言うと、どうもそうでもないのかもしれない、という気もしてきました。たとえば「毎週の占い」も無料で読んでいただけます。みなさんに定期的に読んでいただくだけなら、これでじゅうぶんなのです。

なぜ、私は毎日、占いを書き続けているのだろう。

　この問いをもう一度考え直してみたとき、ふと、ひとつのことに気づきました。

それは、私たちの「生活」というものが、毎日毎日、絶対的に続いていく、ということです。

　生きているかぎり、私たちはだれもがこの「毎日」というものにつきあわなければならないのです。
　永遠にも思われる日々の繰り返しを、なんとかして乗り切っていかなければならないのです。

　未来への不安、経済や健康への不安、人間関係の悩み、思いどおりにならないさまざまのことを前にして、私たちは日々、辛い思いを抱えながらすごします。

　夜が更けて、やがて明ける朝が、救いとなることもあります。

　一方、かならずやってくる朝が、終わらない拷問のように思えることもあります。

　この途方もない、死ぬまで決して終わらない「毎日」。
　これを生き抜いていくということは、決してかんたんなことではありません。

　ギリシャ神話のシジュフォスは、神の怒りを受けて「山の上に岩を抱え上げる」という任務を課せられています。彼が山頂にようや

く岩をのせると、岩はすぐさま山を転げ落ちて、また麓に戻ってしまいます。シジュフォスは繰り返し繰り返し、永遠に、この作業を続けなければなりません。

「毎日」を生きる私たちにとって、シジュフォスの神話は決して人ごとではありません。
作っても作ってもまた作らなければならない食事。
洗っても洗ってもまた洗わなければならない衣類。
今月の給料を手にしたらすぐ、来月の給料の心配をせねばなりません。今年の収穫は来年の収穫を約束してはくれません。

生活は、「永遠の責め苦」によく似たところがあります。

そんな、かんたんではない日々をなんとか受け止めて超えていくため、私たちは娯楽や趣味を持ち、路傍の花を愛で、小さな動物を愛し、幻想の世界に遊びます。お祭りやイベントという節目を用意し、生活を区切ることで「繰り返し」をリセットします。お酒や煙草など、あまりほめられたものではない方向に癒しを見出す人もいます。

さらに、占いやおまじない、ジンクスといった不思議な魔術を心に、お守りとしてぎゅっと握り締めて、この毎日に立ち向かおうとする人もいるわけです。

私が「毎日の占い」を配信し続けるそのわけは、この「毎日の生活」というシジフォスの責め苦にも似た重荷への、畏敬の思いなのではないか。
　私自身、受け止め生き続けている毎日のこの大変さに立ち向かうために、ささやかな抵抗の手段のひとつとして、星占いを書き続けているのではないか。そう思うようになりました。

　ただ、12星座別の「毎日の占い」を書くのはやはり大変で、一つひとつはごく短いものにしかなりません。星から読み取れる「毎日」は、実はもっとたくさんの味わいを含んでいるのですが、それを日々表現するには、すこし力が足りていないな、と思うところがあります。

　ですからごくかんたんなことでも、みなさんが星の動きから自分でイマジネーションを膨らませ、「今日」という日を直接感じとることができるなら、それがいちばんなのです。

　もちろん、星占いというものには、なんの科学的裏付けもありません。ここで書かれたことはすべてインチキだ、と言っても間違いではありません。
　星占いという、何千年も昔から存在してきた「時間」のとらえ方を、この科学至上主義の現代社会において語り合うことに意味があるのか、私にはわかりません。それを「悪だ」と考える人も多いでしょうし、実際、嘲笑され断罪される場面も少なくないのです。

私はそうした批判に対して、星占いを正当化しよう、という思いを持っていません。星占いなどを広めることは間違いである、と考える人たちは正しいのだと思います。
　ただ、この世には「正しいこと」だけが存在するわけではありません。たとえ星占いが悪であり、不正義だとしても、これが「ある」ことは、いまのところ、わずかに社会に許容してもらえています。社会のかたすみで、あなたがたったひとりの時間に、こっそりと本音を語り合える相手。その相手に「占い」を選ぶことが、まだ、可能な世の中であるようです。

　「あしたの占い」は、私たちの心にある希望から生まれます。
　どんなに疲れ、悲しみや不安にうちひしがれ、絶望していても、もし「占いを見よう」という気持ちがわずかにでもわいてきたなら、それはあなたがまだ未来への希望を失っていないということの証拠です。

参考図書

❖ 入門書あれこれ

『星読み＋』
石井ゆかり著　幻冬舎コミックス
本書よりも少し突っ込んだ「未来の占い」の方法を解説しています。

『ホロスコープが自分で読める 鏡リュウジ 星のワークブック』
鏡リュウジ著　講談社
本格的なホロスコープを読み解くための入門書です。

『占星学』
ルル・ラブア著　実業之日本社
性格・人生だけでなく、時期の占いにもくわしく触れられています。

『鏡リュウジの占星術の教科書Ⅰ：自分を知る編』
『鏡リュウジの占星術の教科書Ⅱ：相性と未来を知る編』
鏡リュウジ著　原書房

『最新占星術入門(エルブックスシリーズ)』
松村潔著　学研プラス

❖ もっと本格的に学びたい方向けの本

『現代占星術家のための伝統占星術入門』
ベンジャミン・ダイクス著　田中要一郎訳　ナチュラルスピリット

『世界史と西洋占星術』
ニコラス・キャンピオン著　鏡リュウジ監訳　宇佐和通・水野友美子訳　柏書房
占星術の歴史を知りたい方に。

『心理占星術コンサルテーションの世界』
ノエル・ティル著　石塚隆一監訳　星の勉強会訳・編　イースト・プレス
現代的な占星術の実占例がくわしく解説されています。

『クリスチャン・アストロロジー 第1書 & 第2書』
『クリスチャン・アストロロジー 第3書』
ウィリアム・リリー著　田中要一郎監訳　田中紀久子訳　太玄社

ほかにもたくさんの入門書・専門書が出版されています。
これを機会にぜひ、広い広い星占いの世界に漕ぎ出してみてください！

参考文献

『月の本』
ドナ・ヘネス著　真喜志順子訳　鏡リュウジ監修　河出書房新社

『月　人との豊かなかかわりの歴史』
ベアント・ブルンナー著　山川純子訳　白水社

『増補版　21世紀占星天文暦』
ニール・F・マイケルセン著　魔女の家BOOKS

『女性の神秘』
M・エスター・ハーディング著　樋口和彦・武田憲道訳　創元社

『The Moon』
Maryam Sachs　Abbeville Press

『星の文化史事典』
出雲晶子編著　白水社

Solar Fire Gold Ver.9（ソフトウェア）
Astrolabe.Inc.

石井ゆかり
ISHIIYUKARI

ライター。星占いの記事やエッセイなどを執筆。2010年刊行の「12星座シリーズ」(WAVE出版)は120万部を超えるベストセラーになった。『12星座』『星をさがす』(WAVE出版)、「3年の星占いシリーズ」(文響社)、『禅語』『青い鳥の本』(パイインターナショナル)、『新装版　月のとびら』(CCCメディアハウス)、『星ダイアリー』(幻冬舎コミックス)ほか著書多数。

Webサイト「筋トレ」 http://st.sakura.ne.jp/~iyukari/

月で読む
あしたの星占い

2019年9月2日　第1版第1刷発行
2019年10月19日　第1版第3刷発行

著　者　石井ゆかり

発行者　樋口裕二

発行所　すみれ書房株式会社
　　　　〒151-0071　東京都渋谷区本町6-9-15
　　　　https://sumire-shobo.com/
　　　　〔お問い合わせ〕info@sumire-shobo.com

印　刷　中央精版印刷株式会社
製　本　古宮製本株式会社

©2019 Yukari Ishii
ISBN978-4-909957-02-3　Printed in Japan
NDC590　206p　21㎝

本書の全部または一部を無断で複写することは、
著作権法上の例外を除いて禁じられています。
造本には十分注意しておりますが、落丁・乱丁本の場合は購入された書店を明記の上、
すみれ書房までお送りください。送料小社負担にてお取替えいたします。

本書の電子化は私的使用に限り、著作権法上認められています。
ただし、代行業者等の第三者による電子データ化及び電子書籍化は、
いかなる場合も認められておりません。

本書の紙　本文：オペラクリアマックス　　　見返し：Aプラン／アイボリーホワイト
　　　　　カバー・帯：ヴァンヌーボV／ナチュラル　小冊子本文：オペラホワイトマックス
　　　　　表紙：MTA＋FS　　　　　　　　　　小冊子表紙：色上質／桜
　　　　　別丁扉：ファーストヴィンテージ／ベージュ

月で読む
あしたの星占い

月の星座運行表
2019.7月 —— 2021.12月

LUNAR ZODIAC CALENDAR

TSUKI DE YOMU
ASHITA NO HOSHIURANAI
ISHIIYUKARI

本書の使い方

- この冊子は、『月で読む あしたの星占い』の付録です。
  書籍本文に対応した内容になっております。
- 2019年7月から2021年12月までの月の星座移動が記されています。
- ボイドタイムの終了時間が、月の星座移動の時間です。
- 新月は●、満月は○の表記です。
- 書籍23ページにある書き込み表を埋め、月が各星座にいる日が、
  あなたにとって「何の日」なのかをチェックしてください。
- 書籍27ページの例にあるよう、お手持ちの手帳に書き写し、
  ご活用ください。

参考資料

『Solar Fire Gold Ver.9』(ソフトウエア)
Esoteric Technologies Pty Ltd.

『増補版　21世紀　占星天文暦』
魔女の家BOOKS　ニール・F・マイケルセン

2019/7月

日	月の星座移動	ボイドタイム
1日	双子座	
2日	双子座→蟹座	6:49〜10:25
3日	●蟹座	23:26〜
4日	蟹座→獅子座	〜12:20
5日	獅子座	15:26〜
6日	獅子座→乙女座	〜13:26
7日	乙女座	
8日	乙女座→天秤座	1:51〜15:08
9日	天秤座	
10日	天秤座→蠍座	4:36〜18:30
11日	蠍座	
12日	蠍座	9:29〜
13日	蠍座→射手座	〜0:06
14日	射手座	10:32〜
15日	射手座→山羊座	〜8:06
16日	山羊座	
17日	○山羊座→水瓶座	6:39〜18:20
18日	水瓶座	
19日	水瓶座	0:55〜
20日	水瓶座→魚座	〜6:20
21日	魚座	
22日	魚座→牡羊座	17:35〜19:03
23日	牡羊座	
24日	牡羊座	23:49〜
25日	牡羊座→牡牛座	〜6:43
26日	牡牛座	
27日	牡牛座→双子座	13:29〜15:30
28日	双子座	
29日	双子座→蟹座	0:25〜20:32
30日	蟹座	
31日	蟹座→獅子座	12:34〜22:19

2019/8月

日	月の星座移動	ボイドタイム
1日	●獅子座	
2日	獅子座→乙女座	5:49〜22:22
3日	乙女座	
4日	乙女座→天秤座	13:28〜22:31
5日	天秤座	
6日	天秤座	16:37〜
7日	天秤座→蠍座	〜0:33
8日	蠍座	23:59〜
9日	蠍座→射手座	5:36
10日	射手座	
11日	射手座→山羊座	4:52〜13:51
12日	山羊座	
13日	山羊座	7:12〜
14日	山羊座→水瓶座	〜0:37
15日	○水瓶座	
16日	水瓶座→魚座	10:03〜12:51
17日	魚座	
18日	魚座	7:35〜
19日	魚座→牡羊座	〜1:34
20日	牡羊座	
21日	牡羊座→牡牛座	13:08〜13:38
22日	牡牛座	
23日	牡牛座→双子座	6:33〜23:35
24日	双子座	
25日	双子座	16:00〜
26日	双子座→蟹座	〜6:06
27日	蟹座	17:56〜
28日	蟹座→獅子座	〜8:55
29日	獅子座	9:08〜
30日	獅子座→●乙女座	〜8:58
31日	乙女座	17:47〜

●新月　○満月

2019/9月

	月の星座移動	ボイドタイム
1日	乙女座→天秤座	～8:09
2日	天秤座	17:35～
3日	天秤座→蠍座	～8:36
4日	蠍座	19:59～
5日	蠍座→射手座	～12:09
6日	射手座	
7日	射手座→山羊座	1:04～19:38
8日	山羊座	
9日	山羊座	17:31～
10日	山羊座→水瓶座	～6:25
11日	水瓶座	14:24～
12日	水瓶座→魚座	～18:53
13日	魚座	
14日	○魚座	13:34～
15日	魚座→牡羊座	～7:34
16日	牡羊座	
17日	牡羊座→牡牛座	1:04～19:32
18日	牡牛座	
19日	牡牛座	22:58～
20日	牡牛座→双子座	～5:59
21日	双子座	
22日	双子座→蟹座	11:42～13:51
23日	蟹座	
24日	蟹座→獅子座	7:06～18:20
25日	獅子座	
26日	獅子座→乙女座	1:15～19:38
27日	乙女座	
28日	乙女座→天秤座	12:59～19:04
29日	●天秤座	
30日	天秤座→蠍座	11:07～18:43

2019/10月

	月の星座移動	ボイドタイム
1日	蠍座	
2日	蠍座→射手座	18:47～20:45
3日	射手座	
4日	射手座	16:35～
5日	射手座→山羊座	～2:44
6日	山羊座	
7日	山羊座→水瓶座	8:27～12:43
8日	水瓶座	
9日	水瓶座	3:28～
10日	水瓶座→魚座	～1:06
11日	魚座	18:56～
12日	魚座→牡羊座	～13:47
13日	牡羊座	
14日	○牡羊座	7:00～
15日	牡羊座→牡牛座	～1:25
16日	牡牛座	17:38～
17日	牡牛座→双子座	～11:31
18日	双子座	
19日	双子座→蟹座	11:15～19:44
20日	蟹座	
21日	蟹座	21:40～
22日	蟹座→獅子座	～1:30
23日	獅子座	18:15～
24日	獅子座→乙女座	～4:31
25日	乙女座	22:01～
26日	乙女座→天秤座	～5:21
27日	天秤座	17:23～
28日	天秤座→●蠍座	～5:30
29日	蠍座	
30日	蠍座→射手座	2:35～7:00
31日	射手座	23:31～

●新月 ○満月

2019/11月

	月の星座移動	ボイドタイム
1日	射手座→山羊座	~11:39
2日	山羊座	
3日	山羊座→水瓶座	14:48~20:21
4日	水瓶座	
5日	水瓶座	23:38~
6日	水瓶座→魚座	~8:09
7日	魚座	
8日	魚座→牡羊座	10:14~20:50
9日	牡羊座	
10日	牡羊座	23:02~
11日	牡羊座→牡牛座	~8:19
12日	○牡牛座	
13日	牡牛座→双子座	0:49~17:47
14日	双子座	
15日	双子座	20:41~
16日	双子座→蟹座	~1:16
17日	蟹座	
18日	蟹座→獅子座	5:16~6:58
19日	獅子座	
20日	獅子座→乙女座	6:12~10:56
21日	乙女座	
22日	乙女座→天秤座	12:33~13:21
23日	天秤座	
24日	天秤座→蠍座	11:51~14:59
25日	蠍座	
26日	蠍座→射手座	2:31~17:12
27日	●射手座	
28日	射手座→山羊座	19:51~21:34
29日	山羊座	
30日	山羊座	12:58~

2019/12月

	月の星座移動	ボイドタイム
1日	山羊座→水瓶座	~5:14
2日	水瓶座	21:28~
3日	水瓶座→魚座	~16:12
4日	魚座	
5日	魚座	17:16~
6日	魚座→牡羊座	~4:46
7日	牡羊座	
8日	牡羊座→牡牛座	0:02~16:30
9日	牡牛座	
10日	牡牛座	10:14~
11日	牡牛座→双子座	~1:48
12日	○双子座	14:13~
13日	双子座→蟹座	~8:24
14日	蟹座	
15日	蟹座→獅子座	0:58~12:57
16日	獅子座	
17日	獅子座→乙女座	7:11~16:17
18日	乙女座	
19日	乙女座→天秤座	17:08~19:06
20日	天秤座	
21日	天秤座→蠍座	20:47~21:58
22日	蠍座	
23日	蠍座	12:28~
24日	蠍座→射手座	~1:35
25日	射手座	20:19~
26日	射手座→●山羊座	~6:46
27日	山羊座	
28日	山羊座→水瓶座	6:04~14:22
29日	水瓶座	
30日	水瓶座	19:25~
31日	水瓶座→魚座	~0:43

●新月 ○満月

2020/ 1月

	月の星座移動	ボイドタイム
1日	魚座	
2日	魚座→牡羊座	11:15～13:02
3日	牡羊座	
4日	牡羊座	10:19～
5日	牡羊座→牡牛座	～1:16
6日	牡牛座	21:09～
7日	牡牛座→双子座	～11:12
8日	双子座	
9日	双子座→蟹座	7:17～17:44
10日	蟹座	
11日	○蟹座→獅子座	8:59～21:17
12日	獅子座	
13日	獅子座→乙女座	22:42～23:08
14日	乙女座	
15日	乙女座	21:13～
16日	乙女座→天秤座	～0:44
17日	天秤座	22:00～
18日	天秤座→蠍座	～3:22
19日	蠍座	
20日	蠍座→射手座	6:23～7:42
21日	射手座	13:47～
22日	射手座→山羊座	～14:01
23日	山羊座	
24日	山羊座→水瓶座	11:10～22:22
25日	●水瓶座	
26日	水瓶座	4:08～
27日	水瓶座→魚座	～8:45
28日	魚座	
29日	魚座→牡羊座	10:10～20:52
30日	牡羊座	
31日	牡羊座	

2020/ 2月

	月の星座移動	ボイドタイム
1日	牡羊座→牡牛座	0:11～9:29
2日	牡牛座	
3日	牡牛座→双子座	20:29～20:30
4日	双子座	
5日	双子座	23:21～
6日	双子座→蟹座	～4:04
7日	蟹座	
8日	蟹座→獅子座	0:44～7:46
9日	○獅子座	
10日	獅子座→乙女座	1:10～8:40
11日	乙女座	
12日	乙女座→天秤座	3:27～8:38
13日	天秤座	
14日	天秤座→蠍座	6:41～9:39
15日	蠍座	
16日	蠍座→射手座	7:21～13:08
17日	射手座	
18日	射手座→山羊座	18:04～19:38
19日	山羊座	
20日	山羊座	23:19～
21日	山羊座→水瓶座	～4:43
22日	水瓶座	13:09～
23日	水瓶座→魚座	～15:38
24日	●魚座	
25日	魚座	23:13～
26日	魚座→牡羊座	～3:48
27日	牡羊座	
28日	牡羊座→牡牛座	12:26～16:31
29日	牡牛座	

●新月 ○満月

2020/3月

	月の星座移動	ボイドタイム
1日	牡牛座	
2日	牡牛座→双子座	0:53～4:22
3日	双子座	
4日	双子座→蟹座	11:21～13:26
5日	蟹座	
6日	蟹座→獅子座	16:13～18:29
7日	獅子座	
8日	獅子座→乙女座	17:14～19:48
9日	乙女座	
10日	○乙女座→天秤座	17:33～19:04
11日	天秤座	
12日	天秤座→蠍座	17:13～18:29
13日	蠍座	
14日	蠍座→射手座	19:07～20:10
15日	射手座	
16日	射手座	18:35～
17日	射手座→山羊座	～1:26
18日	山羊座	
19日	山羊座→水瓶座	9:49～10:17
20日	水瓶座	18:01～
21日	水瓶座→魚座	～21:34
22日	魚座	
23日	魚座	23:52～
24日	魚座→●牡羊座	～9:59
25日	牡羊座	
26日	牡羊座→牡牛座	16:18～22:38
27日	牡牛座	
28日	牡牛座	
29日	牡牛座→双子座	8:06～10:39
30日	双子座	
31日	双子座→蟹座	0:11～20:44

2020/4月

	月の星座移動	ボイドタイム
1日	蟹座	
2日	蟹座	
3日	蟹座→獅子座	1:50～3:27
4日	獅子座	4:30～
5日	獅子座→乙女座	～6:19
6日	乙女座	22:30～
7日	乙女座→天秤座	～6:17
8日	○天秤座	21:51～
9日	天秤座→蠍座	～5:18
10日	蠍座	
11日	蠍座→射手座	4:36～5:36
12日	射手座	20:47～
13日	射手座→山羊座	～9:06
14日	山羊座	
15日	山羊座→水瓶座	8:49～16:38
16日	水瓶座	
17日	水瓶座	23:35～
18日	水瓶座→魚座	～3:31
19日	魚座	
20日	魚座→牡羊座	8:32～16:01
21日	牡羊座	
22日	牡羊座	21:33～
23日	牡羊座→●牡牛座	～4:37
24日	牡牛座	
25日	牡牛座→双子座	9:44～16:21
26日	双子座	
27日	双子座	
28日	双子座→蟹座	2:01～2:29
29日	蟹座	
30日	蟹座→獅子座	4:30～10:07

●新月 ○満月

2020/5月

	月の星座移動	ボイドタイム
1日	獅子座	
2日	獅子座→乙女座	1:05〜14:36
3日	乙女座	
4日	乙女座→天秤座	11:26〜16:11
5日	天秤座	
6日	天秤座→蠍座	11:32〜16:06
7日	○蠍座	
8日	蠍座→射手座	11:40〜16:16
9日	射手座	
10日	射手座→山羊座	15:12〜18:40
11日	山羊座	
12日	山羊座	19:31〜
13日	山羊座→水瓶座	〜0:40
14日	水瓶座	23:04〜
15日	水瓶座→魚座	〜10:26
16日	魚座	
17日	魚座→牡羊座	17:00〜22:37
18日	牡羊座	
19日	牡羊座	
20日	牡羊座→牡牛座	5:34〜11:12
21日	牡牛座	
22日	牡牛座→双子座	17:02〜22:37
23日	●双子座	
24日	双子座	20:11〜
25日	双子座→蟹座	〜8:10
26日	蟹座	
27日	蟹座→獅子座	10:07〜15:34
28日	獅子座	
29日	獅子座→乙女座	22:31〜20:41
30日	乙女座	
31日	乙女座→天秤座	18:18〜23:39

2020/6月

	月の星座移動	ボイドタイム
1日	天秤座	
2日	天秤座	19:41〜
3日	天秤座→蠍座	〜1:07
4日	蠍座	20:38〜
5日	蠍座→射手座	〜2:18
6日	○射手座	13:12〜
7日	射手座→山羊座	〜4:45
8日	山羊座	
9日	山羊座→水瓶座	3:07〜9:55
10日	水瓶座	23:36〜
11日	水瓶座→魚座	〜18:33
12日	魚座	
13日	魚座	21:46〜
14日	魚座→牡羊座	〜6:04
15日	牡羊座	
16日	牡羊座→牡牛座	9:51〜18:37
17日	牡牛座	
18日	牡牛座	21:03〜
19日	牡牛座→双子座	〜6:01
20日	双子座	
21日	双子座→●蟹座	6:49〜15:03
22日	蟹座	
23日	蟹座→獅子座	16:22〜21:34
24日	獅子座	14:35〜
25日	獅子座	
26日	獅子座→乙女座	〜2:06
27日	乙女座	
28日	乙女座→天秤座	5:03〜5:18
29日	天秤座	22:03〜
30日	天秤座→蠍座	〜7:49

● 新月　○ 満月

2020/7月

	月の星座移動	ボイドタイム
1日	蠍座	
2日	蠍座→射手座	10:22〜10:22
3日	射手座	22:07〜
4日	射手座→山羊座	〜13:49
5日	○山羊座	
6日	山羊座→水瓶座	18:36〜19:09
7日	水瓶座	13:39〜
8日	水瓶座	
9日	水瓶座→魚座	〜3:14
10日	魚座	
11日	魚座→牡羊座	12:50〜14:07
12日	牡羊座	
13日	牡羊座	
14日	牡羊座→牡牛座	0:55〜2:35
15日	牡牛座	
16日	牡牛座→双子座	12:22〜14:20
17日	双子座	
18日	双子座→蟹座	6:16〜23:25
19日	蟹座	
20日	蟹座	
21日	●蟹座→獅子座	2:56〜5:17
22日	獅子座	9:28〜
23日	獅子座→乙女座	〜8:41
24日	乙女座	
25日	乙女座→天秤座	8:09〜10:55
26日	天秤座	
27日	天秤座→蠍座	10:10〜13:13
28日	蠍座	
29日	蠍座→射手座	13:02〜16:26
30日	射手座	
31日	射手座→山羊座	9:09〜20:59

2020/8月

	月の星座移動	ボイドタイム
1日	山羊座	
2日	山羊座	23:01〜
3日	山羊座→水瓶座	〜3:12
4日	○水瓶座	
5日	水瓶座→魚座	6:47〜11:29
6日	魚座	
7日	魚座→牡羊座	21:55〜22:06
8日	牡羊座	
9日	牡羊座	
10日	牡羊座→牡牛座	4:51〜10:29
11日	牡牛座	
12日	牡牛座→双子座	16:56〜22:47
13日	双子座	
14日	双子座	20:20〜
15日	双子座→蟹座	〜8:37
16日	蟹座	
17日	蟹座→獅子座	9:00〜14:40
18日	獅子座	
19日	●獅子座→乙女座	14:39〜17:21
20日	乙女座	
21日	乙女座→天秤座	12:38〜18:17
22日	天秤座	
23日	天秤座→蠍座	13:21〜19:17
24日	蠍座	
25日	蠍座→射手座	15:28〜21:50
26日	射手座	
27日	射手座	21:01〜
28日	射手座→山羊座	〜2:38
29日	山羊座	
30日	山羊座→水瓶座	4:32〜9:38
31日	水瓶座	

●新月　○満月

2020/9月

	月の星座移動	ボイドタイム
1日	水瓶座→魚座	13:57～18:35
2日	○魚座	
3日	魚座	23:35～
4日	魚座→牡羊座	～5:23
5日	牡羊座	
6日	牡羊座→牡牛座	13:46～17:45
7日	牡牛座	
8日	牡牛座	21:48～
9日	牡牛座→双子座	～6:29
10日	双子座	
11日	双子座→蟹座	13:49～17:24
12日	蟹座	
13日	蟹座	21:06～
14日	蟹座→獅子座	～0:34
15日	獅子座	
16日	獅子座→乙女座	0:11～3:38
17日	●乙女座	20:43～
18日	乙女座→天秤座	～3:57
19日	天秤座	23:30～
20日	天秤座→蠍座	～3:34
21日	蠍座	
22日	蠍座→射手座	3:14～4:33
23日	射手座	
24日	射手座→山羊座	2:33～8:17
25日	山羊座	
26日	山羊座→水瓶座	12:37～15:09
27日	水瓶座	
28日	水瓶座	16:19～
29日	水瓶座→魚座	～0:35
30日	魚座	

2020/10月

	月の星座移動	ボイドタイム
1日	魚座→牡羊座	2:31～11:48
2日	○牡羊座	
3日	牡羊座	14:48～
4日	牡羊座→牡牛座	～0:14
5日	牡牛座	
6日	牡牛座→双子座	3:42～13:04
7日	双子座	
8日	双子座	10:58～
9日	双子座→蟹座	～0:47
10日	蟹座	
11日	蟹座→獅子座	1:05～9:26
12日	獅子座	23:31～
13日	獅子座→乙女座	～13:57
14日	乙女座	
15日	乙女座→天秤座	7:48～14:55
16日	天秤座	
17日	●天秤座→蠍座	7:13～14:07
18日	蠍座	
19日	蠍座→射手座	6:44～13:44
20日	射手座	
21日	射手座→山羊座	12:39～15:45
22日	山羊座	
23日	山羊座→水瓶座	13:36～21:18
24日	水瓶座	
25日	水瓶座	6:55～
26日	水瓶座→魚座	～6:19
27日	魚座	
28日	魚座→牡羊座	9:47～17:46
29日	牡羊座	
30日	牡羊座	
31日	牡羊座→○牡牛座	1:14～6:20

●新月 ○満月

2020/11月

	月の星座移動	ボイドタイム
1日	牡牛座	
2日	牡牛座→双子座	11:31～19:01
3日	双子座	
4日	双子座	22:50～
5日	双子座→蟹座	～6:47
6日	蟹座	
7日	蟹座→獅子座	10:28～16:19
8日	獅子座	
9日	獅子座→乙女座	20:06～22:31
10日	乙女座	
11日	乙女座	20:00～
12日	乙女座→天秤座	～1:11
13日	天秤座	20:34～
14日	天秤座→蠍座	～1:20
15日	●蠍座	20:14～
16日	蠍座→射手座	～0:48
17日	射手座	16:56～
18日	射手座→山羊座	～1:36
19日	山羊座	
20日	山羊座→水瓶座	1:31～5:26
21日	水瓶座	9:50～
22日	水瓶座→魚座	～13:07
23日	魚座	
24日	魚座	19:46～
25日	魚座→牡羊座	～0:06
26日	牡羊座	
27日	牡羊座→牡牛座	8:47～12:44
28日	牡牛座	
29日	牡牛座	21:50～
30日	牡牛座→○双子座	～1:17

2020/12月

	月の星座移動	ボイドタイム
1日	双子座	13:23～
2日	双子座→蟹座	～12:34
3日	蟹座	
4日	蟹座→獅子座	19:30～21:54
5日	獅子座	
6日	獅子座	7:29～
7日	獅子座→乙女座	～4:47
8日	乙女座	
9日	乙女座→天秤座	7:36～9:02
10日	天秤座	
11日	天秤座→蠍座	9:57～11:00
12日	蠍座	
13日	蠍座→射手座	10:59～11:40
14日	射手座	
15日	●射手座→山羊座	1:18～12:36
16日	山羊座	
17日	山羊座→水瓶座	14:36～15:28
18日	水瓶座	
19日	水瓶座→魚座	17:46～21:40
20日	魚座	
21日	魚座	19:25～
22日	魚座→牡羊座	～7:33
23日	牡羊座	
24日	牡羊座→牡牛座	7:52～19:57
25日	牡牛座	
26日	牡牛座	20:33～
27日	牡牛座→双子座	～8:34
28日	双子座	
29日	双子座→蟹座	12:02～19:29
30日	○蟹座	
31日	蟹座	22:46～

●新月 ○満月

2021/1月

	月の星座移動	ボイドタイム
1日	蟹座→獅子座	~3:59
2日	獅子座	
3日	獅子座→乙女座	7:01~10:14
4日	乙女座	
5日	乙女座→天秤座	6:35~14:43
6日	天秤座	
7日	天秤座→蠍座	14:56~17:55
8日	蠍座	
9日	蠍座→射手座	11:00~20:16
10日	射手座	
11日	射手座→山羊座	3:30~22:31
12日	山羊座	
13日	●山羊座	16:23~
14日	山羊座→水瓶座	~1:45 18:29~
15日	水瓶座	
16日	水瓶座→魚座	~7:18
17日	魚座	
18日	魚座→牡羊座	12:46~16:08
19日	牡羊座	
20日	牡羊座	17:30~
21日	牡羊座→牡牛座	~3:57
22日	牡牛座	
23日	牡牛座→双子座	6:29~16:44
24日	双子座	
25日	双子座	16:18~
26日	双子座→蟹座	~3:53
27日	蟹座	
28日	蟹座→獅子座	2:56~11:55
29日	○獅子座	
30日	獅子座→乙女座	10:54~17:04
31日	乙女座	

2021/2月

	月の星座移動	ボイドタイム
1日	乙女座→天秤座	20:11~20:26
2日	天秤座	
3日	天秤座→蠍座	15:16~23:16
4日	蠍座	
5日	蠍座	18:21~
6日	蠍座→射手座	~2:18
7日	射手座	15:17~
8日	射手座→山羊座	~5:53
9日	山羊座	
10日	山羊座→水瓶座	2:23~10:21
11日	水瓶座	
12日	●水瓶座→魚座	4:07~16:24
13日	魚座	
14日	魚座	16:30~
15日	魚座→牡羊座	~0:55
16日	牡羊座	
17日	牡羊座→牡牛座	9:18~12:13
18日	牡牛座	
19日	牡牛座→双子座	16:29~
20日	双子座	~1:05
21日	双子座	
22日	双子座→蟹座	3:40~12:54
23日	蟹座	
24日	蟹座→獅子座	13:55~21:24
25日	獅子座	
26日	獅子座	20:33~
27日	獅子座→○乙女座	~2:08
28日	乙女座	

●新月 ○満月

2021/3月

	月の星座移動	ボイドタイム
1日	乙女座→天秤座	0:59～4:18
2日	天秤座	23:10～
3日	天秤座→蠍座	～5:39
4日	蠍座	
5日	蠍座→射手座	1:10～7:44
6日	射手座	18:45～
7日	射手座→山羊座	～11:21
8日	山羊座	
9日	山羊座→水瓶座	9:53～16:42
10日	水瓶座	
11日	水瓶座→魚座	12:33～23:45
12日	魚座	
13日	●魚座	
14日	魚座→牡羊座	1:39～8:45
15日	牡羊座	
16日	牡羊座→牡牛座	12:41～19:57
17日	牡牛座	
18日	牡牛座	
19日	牡牛座→双子座	5:41～8:48
20日	双子座	
21日	双子座→蟹座	21:05～21:19
22日	蟹座	
23日	蟹座	
24日	蟹座→獅子座	0:27～6:57
25日	獅子座	22:29～
26日	獅子座→乙女座	～12:27
27日	乙女座	
28日	乙女座→天秤座	8:49～14:23
29日	○天秤座	
30日	天秤座→蠍座	9:09～14:34
31日	蠍座	

2021/4月

	月の星座移動	ボイドタイム
1日	蠍座→射手座	9:30～15:00
2日	射手座	
3日	射手座→山羊座	14:25～17:14
4日	山羊座	
5日	山羊座→水瓶座	16:06～22:05
6日	水瓶座	
7日	水瓶座	19:06～
8日	水瓶座→魚座	～5:32
9日	魚座	
10日	魚座→牡羊座	8:49～15:12
11日	牡羊座	
12日	●牡羊座	21:08～
13日	牡羊座→牡牛座	～2:45
14日	牡牛座	
15日	牡牛座→双子座	9:01～15:36
16日	双子座	
17日	双子座	
18日	双子座→蟹座	0:04～4:26
19日	蟹座	
20日	蟹座→獅子座	9:04～15:12
21日	獅子座	
22日	獅子座→乙女座	21:06～22:09
23日	乙女座	
24日	乙女座	19:51～
25日	乙女座→天秤座	～1:07
26日	天秤座	21:41～
27日	天秤座→○蠍座	～1:19
28日	蠍座	21:33～
29日	蠍座→射手座	～0:44
30日	射手座	22:28～

●新月 ○満月

2021/5月

	月の星座移動	ボイドタイム
1日	射手座→山羊座	～1:17
2日	山羊座	23:39～
3日	山羊座→水瓶座	～16:32
4日	水瓶座	
5日	水瓶座→魚座	9:07～11:10
6日	魚座	
7日	魚座→牡羊座	16:37～20:54
8日	牡羊座	
9日	牡羊座	
10日	牡羊座→牡牛座	7:51～8:48
11日	牡牛座	
12日	●牡牛座→双子座	21:24～21:44
13日	双子座	
14日	双子座	19:52～
15日	双子座→蟹座	～10:32
16日	蟹座	
17日	蟹座→獅子座	15:24～21:45
18日	獅子座	
19日	獅子座	
20日	獅子座→乙女座	4:14～6:00
21日	乙女座	
22日	乙女座→天秤座	4:57～10:37
23日	天秤座	
24日	天秤座→蠍座	6:37～12:02
25日	蠍座	
26日	蠍座→○射手座	6:21～11:40
27日	射手座	
28日	射手座→山羊座	2:37～11:25
29日	山羊座	
30日	山羊座→水瓶座	7:16～13:05
31日	水瓶座	

2021/6月

	月の星座移動	ボイドタイム
1日	水瓶座→魚座	15:15～18:09
2日	魚座	
3日	魚座	20:11～
4日	魚座→牡羊座	～3:00
5日	牡羊座	
6日	牡羊座→牡牛座	7:48～14:47
7日	牡牛座	
8日	牡牛座	
9日	牡牛座→双子座	0:08～3:49
10日	●双子座	
11日	双子座→蟹座	2:39～16:24
12日	蟹座	
13日	蟹座	20:17～
14日	蟹座→獅子座	～3:24
15日	獅子座	
16日	獅子座→乙女座	2:28～12:03
17日	乙女座	
18日	乙女座→天秤座	12:55～17:55
19日	天秤座	
20日	天秤座→蠍座	19:53～20:59
21日	蠍座	
22日	蠍座→射手座	15:44～21:57
23日	射手座	
24日	射手座→山羊座	11:10～22:06
25日	○山羊座	
26日	山羊座→水瓶座	21:51～23:10
27日	水瓶座	
28日	水瓶座	4:09～
29日	水瓶座→魚座	～2:52
30日	魚座	

●新月 ○満月

2021/7月

	月の星座移動	ボイドタイム
1日	魚座→牡羊座	2:40〜10:22
2日	牡羊座	
3日	牡羊座→牡牛座	13:16〜21:29
4日	牡牛座	
5日	牡牛座	
6日	牡牛座→双子座	1:58〜10:25
7日	双子座	
8日	双子座→蟹座	13:21〜22:52
9日	蟹座	
10日	●蟹座	
11日	蟹座→獅子座	1:11〜9:22
12日	獅子座	21:30〜
13日	獅子座→乙女座	〜17:32
14日	乙女座	
15日	乙女座→天秤座	15:47〜23:33
16日	天秤座	
17日	天秤座	20:04〜
18日	天秤座→蠍座	〜3:39
19日	蠍座	
20日	蠍座→射手座	1:31〜6:09
21日	射手座	
22日	射手座→山羊座	7:27〜7:37
23日	山羊座	
24日	山羊座→○水瓶座	1:35〜9:14
25日	水瓶座	
26日	水瓶座→魚座	8:15〜12:31
27日	魚座	
28日	魚座→牡羊座	10:14〜18:59
29日	牡羊座	
30日	牡羊座	
31日	牡羊座→牡牛座	4:39〜5:09

2021/8月

	月の星座移動	ボイドタイム
1日	牡牛座	
2日	牡牛座→双子座	16:42〜17:47
3日	双子座	
4日	双子座	
5日	双子座→蟹座	4:39〜6:18
6日	蟹座	
7日	蟹座→獅子座	7:12〜16:33
8日	●獅子座	
9日	獅子座→乙女座	21:24〜23:57
10日	乙女座	
11日	乙女座	20:23〜
12日	乙女座→天秤座	〜5:09
13日	天秤座	
14日	天秤座→蠍座	5:40〜9:02
15日	蠍座	
16日	蠍座→射手座	12:06〜12:13
17日	射手座	
18日	射手座→山羊座	10:44〜14:59
19日	山羊座	
20日	山羊座→水瓶座	9:00〜17:50
21日	水瓶座	
22日	○水瓶座→魚座	21:03〜21:44
23日	魚座	
24日	魚座→牡羊座	18:13〜
25日	牡羊座	〜3:58
26日	牡羊座	
27日	牡羊座→牡牛座	6:16〜13:28
28日	牡牛座	
29日	牡牛座	0:00〜
30日	牡牛座→双子座	〜1:43
31日	双子座	

●新月 ○満月

2021/9月

	月の星座移動	ボイドタイム
1日	双子座→蟹座	5:50～14:27
2日	蟹座	
3日	蟹座	14:38～
4日	蟹座→獅子座	～0:59
5日	獅子座	23:23～
6日	獅子座→乙女座	～8:07
7日	●乙女座	
8日	乙女座→天秤座	4:25～12:22
9日	天秤座	
10日	天秤座→蠍座	13:49～15:06
11日	蠍座	
12日	蠍座→射手座	14:34～17:36
13日	射手座	
14日	射手座→山羊座	19:59～20:35
15日	山羊座	
16日	山羊座	14:41～
17日	山羊座→水瓶座	～0:24
18日	水瓶座	18:16～
19日	水瓶座→魚座	～5:24
20日	魚座	
21日	○魚座→牡羊座	8:56～12:14
22日	牡羊座	
23日	牡羊座→牡牛座	11:06～21:39
24日	牡牛座	
25日	牡牛座	22:10～
26日	牡牛座→双子座	～9:38
27日	双子座	
28日	双子座→蟹座	13:19～22:35
29日	蟹座	
30日	蟹座	23:50～

2021/10月

	月の星座移動	ボイドタイム
1日	蟹座→獅子座	～9:55
2日	獅子座	
3日	獅子座→乙女座	8:44～17:39
4日	乙女座	
5日	乙女座→天秤座	17:47～21:42
6日	●天秤座	
7日	天秤座→蠍座	14:04～23:23
8日	蠍座	
9日	蠍座	15:06～
10日	蠍座→射手座	～0:25
11日	射手座	13:32～
12日	射手座→山羊座	～2:16
13日	山羊座	19:54～
14日	山羊座→水瓶座	～5:48
15日	水瓶座	21:34～
16日	水瓶座→魚座	～11:23
17日	魚座	
18日	魚座→牡羊座	8:25～19:05
19日	牡羊座	
20日	○牡羊座	23:58～
21日	牡羊座→牡牛座	～5:00
22日	牡牛座	
23日	牡牛座→双子座	5:36～16:58
24日	双子座	
25日	双子座	23:12～
26日	双子座→蟹座	～6:01
27日	蟹座	
28日	蟹座→獅子座	15:03～18:08
29日	獅子座	
30日	獅子座	16:06～
31日	獅子座→乙女座	～3:11

●新月 ○満月

2021/11月

	月の星座移動	ボイドタイム
1日	乙女座	
2日	乙女座→天秤座	2:01～8:12
3日	天秤座	
4日	天秤座→蠍座	7:33～9:54
5日	●蠍座	
6日	蠍座→射手座	1:11～9:54
7日	射手座	22:45～
8日	射手座→山羊座	～10:05
9日	山羊座	
10日	山羊座→水瓶座	2:52～12:04
11日	水瓶座	
12日	水瓶座→魚座	4:53～16:55
13日	魚座	
14日	魚座	14:41～
15日	魚座→牡羊座	～0:49
16日	牡羊座	
17日	牡羊座→牡牛座	0:52～11:19
18日	牡牛座	
19日	○牡牛座→双子座	17:59～23:34
20日	双子座	
21日	双子座	
22日	双子座→蟹座	0:53～12:34
23日	蟹座	
24日	蟹座	
25日	蟹座→獅子座	14:47～1:00
26日	獅子座	
27日	獅子座→乙女座	1:25～11:13
28日	乙女座	
29日	乙女座→天秤座	9:03～17:56
30日	天秤座	

2021/12月

	月の星座移動	ボイドタイム
1日	天秤座→蠍座	13:21～20:57
2日	蠍座	
3日	蠍座→射手座	14:23～21:14
4日	●射手座	
5日	射手座→山羊座	14:09～20:32
6日	山羊座	
7日	山羊座→水瓶座	13:43～20:50
8日	水瓶座	
9日	水瓶座→魚座	19:01～23:54
10日	魚座	
11日	魚座	
12日	魚座→牡羊座	4:41～6:47
13日	牡羊座	
14日	牡羊座→牡牛座	11:53～17:12
15日	牡牛座	
16日	牡牛座	
17日	牡牛座→双子座	1:10～5:44
18日	双子座	
19日	○双子座→蟹座	15:03～18:43
20日	蟹座	
21日	蟹座	23:45～
22日	蟹座→獅子座	～6:55
23日	獅子座	
24日	獅子座→乙女座	15:41～17:25
25日	乙女座	
26日	乙女座	17:40～
27日	乙女座→天秤座	～1:25
28日	天秤座	
29日	天秤座→蠍座	6:12～6:17
30日	蠍座	
31日	蠍座→射手座	2:11～8:09

●新月 ○満月